Yes, I do.

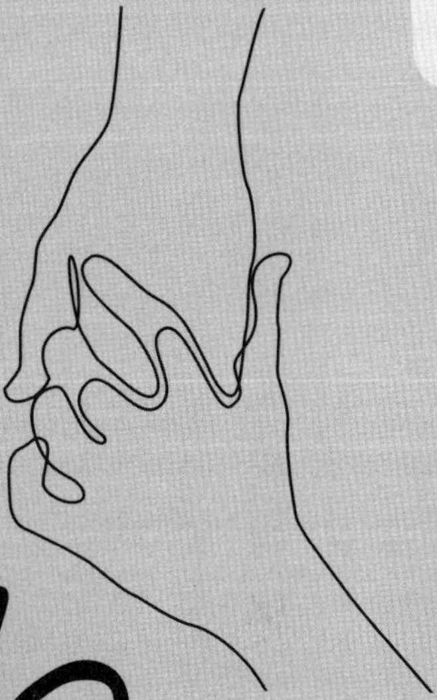

王壽南——著

我願意！

從相遇、相知到相守的
伴侶相處方程式

CONTENTS

自序　夫妻關係的本質與經營／王壽南　009

◆想想結婚的原因中是否有愛情　013

◆愛情的初階，從喜歡的感覺開始　021

◆愛情的進階，承諾是最高境界　027

◆在婚姻中，首先要建立你儂我儂的親密關係　033

◆夫妻兩人要共榮共辱，讓彼此完整自己　039

◆換位思考，調適彼此生活習慣　045

◆建立共同的價值觀，才能走得長遠　051

◆待之以禮，才能讓愛長久　055

◆尊重彼此，才能讓愛落實　061

◆平等關懷，造就家庭的溫暖　065

◆愛發於心，才能溫馨 069
◆關心則亂，學習正確的方式 075
◆不以微小而不付出，愛在生活細節中 081
◆夫妻同體，付出是心甘情願 085
◆不盲從，順服需有條件 093
◆以愛與敬重，獲得妻子的順服 099
◆學習溝通，才能減少誤會的發生 103
◆懂得傾聽，學會解語 109
◆家有安全傘，才有安全感 115
◆夫妻同心，仰賴四個態度 119
◆讓權力之爭遠離家庭 123
◆認識男女有別，理性與感性 131
◆理解男女有別，自助與他助 137

CONTENTS

◆自我覺醒，卸去大男人的傲慢 141
◆妻子注意，大男人也可以變好丈夫 147
◆大女人的意識，對家庭有「礙」無「愛」 153
◆收起強勢的心態，找回溫柔與包容 159
◆原諒，是感情傷痕的良藥 165
◆原諒對方，才能釋放自己 171
◆一言興家，多說稱讚與鼓勵的話語 177
◆一言敗家，要少說的三種話 185
◆孝順要有智慧，別成為婚姻的隱形殺手 189
◆認清子女的角色，找回家庭的重心 195
◆失去自我，放棄選擇與努力的悲哀 199
◆信念堅定攜手同行，自然圓滿幸福 207

自序

夫妻關係的本質與經營

王壽南

夫妻是一個家庭的核心，夫妻關係不但影響了這個家庭的形態和發展，也影響到夫妻兩個人是幸福，還是不幸福。在人生的旅途中，除非你不結婚，如果你結了婚，就不能不注意到夫妻關係。因為夫妻關係的好壞，會影響到你的工作、財富、人際關係、情緒，甚至於人格的發展。維持良好的夫妻關係，常常被認為是人生幸福的根源。若你想要結婚，或者是已經結了婚，請你務必重視夫妻關係。

本書我將要從各個角度來檢討夫妻關係，希望幫助讀者了解夫妻關係的本質，夫妻之間會發生哪些問題，以及如何維繫夫妻之間良好的關係。夫妻關係是十分複雜的，因著當事人性格的差異，生活環境的不同，而有各種各樣的變化。所以，談夫妻關係不可能面面俱到，也不可能兼顧到每一個狀況。所以，本書不能涵蓋每個家庭，這是我要事先聲明的。不過，我的用意是希望幫助讀者們，從建立良好的夫妻關係中，獲得人生的幸福。

從二〇一七年二月十五日起，我到臺北的中心綜合醫院洗腎，至今恰滿四年。洗腎是一項很辛苦的治療過程，每週三次（星期一、三、五），平躺在病床上四個小時，不能轉動，不能側身，許多患者都感到痛苦不堪，我卻能隨遇而安，四個小時的仰臥時間，前兩小時我睡覺，後兩小時我安靜地思考我在遠東福音會的講稿內容、主題、架構等。在這種情況下，我在遠東福音會每月一篇的廣播稿便出現了。本書的每一篇都是這樣完成的，所以我要感謝上帝，祂逼我來中心診所洗腎，似乎是把一項苦刑加在我身上，實際上是催化了這本書的問世。

在此我要感謝中心綜合醫院的施院長養性教授，他將中心綜合醫院的醫療品質不斷提升，贏得病患的一致好評。我要感謝洗腎室（血液透析中心）主任曾素珊醫師對病患的關心呵護，充分表現出醫者的仁術仁心。洗腎室的護理師們都對病人和藹溫柔，令我躺在病床上也沒有淒涼的感覺，才能思考我的寫作計畫。

我自幼體弱多病，一生不知看過多少醫生，其中有三位醫生是我永誌心頭的，一位是臺大醫院前院長李源德教授，他屢次救我於危急之中，對我愛護備至，令我終身不忘；另一位是臺北振興醫院前院長劉榮宏教授，他使我從黑暗重回光明，讓我在人生道路上重生，實在是我的再造恩人；另一位是臺北萬芳醫院前院長連吉時教授，他把我從死亡邊緣救了回來，也是我的恩人。對於為我診治疾病的醫師們我都深深感激，永銘於心。

本書得以出版問世要感謝臺灣商務印書館董事長王春中先生，他是中國出版事業拓墾者大出版家王雲五先生的孫子，繼承祖業，將臺灣商務印書館經營得有聲有色，真是難能可貴。臺灣商務印書館總編輯張曉蕊女士是臺灣出版界中一位精明幹練又有眼光的傑出人才，將臺灣商務印書館推上更高一層樓，本書能經由她的手出爐，是十分榮幸的事。

本書是我在臺北遠東福音會廣播講稿，遠東福音會總幹事于厚恩牧師實在是本書的推手。于牧師主持遠東福音會的工作將近十年，使遠東福音會的業務蒸蒸日上，內容更為充實。于牧師對《聖經》極有研究，善於講道，極受信眾的愛戴，在神的眼目中，他是宣揚福音的大將，願神更加使用他，使福音能傳遍地極。

在我一生中，我最要感謝的人就是我的妻子吳涵碧，我和涵碧相愛相知，性情

相投，理想一致，價值觀念標準相同，對人事物的想法、態度、好惡一樣，對基督信仰也同樣執著，所以我們夫妻相處可說是真正水乳相融，不分彼此，讓我享受到人間的至樂。我要感謝上帝，讓我擁有如此美好的妻子和婚姻，我要感謝神，讚美神！

想想
結婚的原因中
是否有愛情

每個人結婚的原因不同，但最重要的是因相愛而結合，
若沒有，也要在婚後悉心培養愛情。

在一場豪華的結婚喜宴上，來喝喜酒的客人，都在紛紛議論，因為這對新人的年齡相差實在是太遠了，六十歲的新郎有著矮胖禿頭的外表，而新娘才二十五歲，臉型漂亮、身材苗條，看起來讓人覺得好像很不配襯。

有個客人跟另外客人就在說悄悄話了。

「你看新郎的年齡，可能跟新娘父親的年紀差不多大，真是老少配呀！」

「新郎是大企業的董事長，是億萬富翁啊！這個新娘才二十五歲，人長得漂亮，一看就知道她活潑好動，怎麼會嫁給一個老頭子呢？」

「這叫作郎才女貌啊！」

「這個新郎有什麼才華呢？」

「我說的那個財，不是才華的才，而是財富的財。所以，男有財富，女有美貌，很多現代男女就是這樣結的婚啊！」

這兩個客人的談話，引發了我的思考：一對男女為什麼要結婚呢？

隨緣的婚姻

現代的社會不像傳統中國社會，婚姻全由父母做主，做兒女的對婚姻很少有自主權；現代社會的婚姻全由自己決定。那麼一對男女之所以會走上結婚的紅毯，我分析大概有幾個原因。

原因一是適齡而婚。男人和女人到了二十幾歲就是適婚年齡，有人到了這個年齡，就會覺得該結婚啦！有人就會想要生個孩子啊！有人看到同年齡層的朋友、同學，紛紛都結了婚，就想到自己也該跟他們一樣啊！找個歸屬吧。於是，二十到四十歲之間這段適婚年齡的時期，就會有一種無形的心理領導力，引導人們走上了紅毯。

原因二是隨性而婚。有些年輕人完全不了解婚姻的意義，只是生性好玩，喜歡新鮮的事情，於是隨性之所至，輕率的走上了紅毯。可能男女朋友一同看了一場愛情電影，兩個人都覺得這電影的故事好動人啊！結婚好甜蜜啊！出了電影院，男的向女的求婚，女的立刻就答應了，兩個人非常隨性的就結了婚，這種隨性而婚的人，走在婚姻之路上是十分飄浮的，他們會隨性的結了婚，也很容易隨性就分手，這種婚姻是不穩固的。

受壓被逼而成婚

原因三是受壓而婚。有些未婚男女會受到外在壓力而結婚，譬如說中國的父母，看到兒女二十多歲了還沒有結婚，就常常會對兒女說，有沒有男朋友啊，有沒有女朋友啊，接著就會提：哪一家阿姨的女兒好，哪一家伯伯的兒子帥。每天都在明示或者暗示地告訴兒女說：「你趕快結婚吧。」我有個同事的獨生兒子在電子公司擔任工程師，他忙得沒有時間交女朋友，所以快四十歲也沒結婚，五年前他的父親去世了，去年他的母親發現得了肺癌，已經是末期了。在病床上他母親對他說：「兒子啊，你趕快結婚吧，希望在我還有一口氣的時候，看到你結婚，讓我完了心願，走得才安心啊！」醫生說他的母親只有六個月的生命。

他在母親強大的壓力下，經過朋友介紹，和一個認識不到三個月的女孩子結了婚，重病的母親坐著輪椅，來到喜宴之中，他陪在母親身邊，毫無喜悅的感覺，只覺得自己是為了討好母親，盡一份孝道而已。結婚後三個月母親去世了，他哀痛萬分，但是他跟妻子卻十分冷淡，因為兩個人的個性不同，價值觀念也相異，讓他深深感到婚姻竟是如此痛苦。

除了來自父母的壓力之外，親戚朋友同事也會帶來壓力，而這些壓力不一定都是惡意的，很多壓力是出於善意，如果承受不起這些外界壓力，就只好接受自己未必願意做的事情了。

原因四是被逼而婚。被逼而婚是不得不走上結婚的這條路，這跟前面所講的受壓而婚不一樣，受壓而婚的「壓」是外界的壓力；被逼而婚的「逼」則是內心的逼迫，譬如說一對男女在婚前發生性關係，女的懷了孕，這女的怕孩子出生以後沒有爸爸，而男的基於道義責任，在兒女之命的逼迫下就不得不結婚了。

各種情感促成婚姻

原因五是崇拜而婚。年輕人會因為崇拜異性而結婚，譬如說在大學校園裡面，常常會發生籃球校隊被女同學包圍，大學女生迷戀這個校隊的隊員，把這些球員當成英雄，在崇拜英雄的心理之下，會把自己的婚姻奉送給對方；同樣，大學男生也會拜倒在校花、系花、班花的石榴裙下。在社會上也普遍瀰漫著這種崇拜心理，只要看看新聞報導，無論是電影明星、歌星，或者是體育明星出現的時候，總是有許

多異性的粉絲圍上前去。這些粉絲因為崇拜，都會願意以身相許。

原因六是恐懼而婚。這是許多女孩會遭遇到的事情，舉個例子來說，有個女孩叫美珠，她從鄉下到都市來找工作，在郊區租個小房間居住，每天要到市中心一家餐廳工作，餐廳在晚上十點鐘打烊，員工們要幫忙打掃整理。等美珠回到住所，大約都深夜十二點了，住所位於郊區十分偏僻的地方，美珠走在回家的路上，非常害怕，每天提心吊膽，餐廳裡有個廚師，知道了美珠的恐懼，願意每天下班以後，陪美珠回到郊區的居所，讓美珠覺得很安全。不久美珠就和這個廚師結了婚。人都會逃避恐懼，尋覓安全的地方，家庭應該是安全的所在，丈夫應該是最安全的保護者，美珠就是為了消除恐懼而嫁給廚師，這種恐懼而婚，在不安定、不安全的生活環境裡最容易發生。

原因之七是感恩而婚。人都有感恩的心，在感恩心理的驅使下，常常會把自己獻給恩人。美芳生長在一個窮苦的家庭，父親靠著打零工賺錢來養家，母親每天在垃圾堆裡撿破爛。在美芳十二歲時，父親因病去世，留下了母女兩人，眼看著沒有法子支持下去了，幸好村子裡有個好心的林伯伯，伸出了援手接濟她們，這位林伯伯開了一家雜貨店，讓美芳的母親去雜貨店幫忙，然後林老闆每個月給她兩萬元薪水，讓母女兩人得以活下去，而且林老闆又為美芳繳學費，使美芳能安心求學。

林伯伯有個獨生子，他是輕度智障的人，比美芳大一歲，由於智能不足，上了高中就念不下去了，到了十八歲時，林伯伯有一天忽然向美芳的母親提出，要求美芳做他的媳婦。母親回家對美芳說，林伯伯是我們的大恩人，如果沒有他的幫助，我們母女早就餓死了，但是他現在提出這個要求，我看林家的孩子雖然不夠聰明，但是人還老實，妳要不要就答應嫁給他吧！在報恩心理的引導下，美芳雖然覺得很委屈，但最終還是答應了這件婚事。

原因八是財貌而婚。許多女人選擇對象，將對方是不是有錢作為主要考慮；而許多男人選擇對象，常常以美麗漂亮作為唯一條件。財貌而婚在工商社會裡十分普遍，不過財富未必是男人的專利，也有許多女人擁有大筆財富，於是有許多年輕的、體格健壯的、長得很英俊的男人，也會去追求那些富家小姐，而擁有財富的女人，也常常會選擇英俊瀟灑的男生作為伴侶。

有愛而婚最穩定

原因九是相愛而婚。一對男女由交友而真正相愛，終於走上了結婚禮堂，這種婚姻是兩情相悅、兩心合一的結果，是最為穩定的婚姻。

如果你已經結了婚，你是為了什麼而結婚呢？

其實這九種原因不是單一選項，有許多人會有兩、三個選項，甚至有因其中四個選項結婚的，不過無論有幾個選項，一對新人走進了禮堂，其中最重要的是：有沒有包括相愛而婚。不管其他選項是什麼，但是最好是有相愛而婚這個選項，相愛而婚才是美滿婚姻的基礎，不要把結婚的原因看成是結婚的終結，結婚是婚姻的起點，是夫妻關係的起跑點，結婚以後繼續培養愛情，也許有人會受壓力、被逼迫或者因恐懼而結婚，但是婚後可以去發現對方的優點，進而滋生愛苗，慢慢的愛情的樹就可以長大啦！

愛情的初階，從喜歡的感覺開始

從喜歡到合拍，再到產生濃濃的關心，
漸漸的就踏上了愛情之梯，
愛情是一種進程，每一階段都需要思考。

在今日社會中，男女都是經由自由意志的決定而步上紅毯。如果問一對夫妻，你們為什麼結婚？他們的答案大概都是因為我們相愛，換句話說他們有愛情。

「愛情」是多麼甜美的名詞！但是愛情不應該只是一個名詞而已，愛情的實質是什麼呢？這是值得深思的問題。

從喜歡開始

愛情的開端應該是喜歡，喜歡是一種感覺，看著對方沒有厭惡，甚至於覺得很舒服，看得很順眼，這也就是人們常常講到的「有好感」，這種喜歡的感覺是愛情的第一步，但這並不是真正的愛情，因為在友情之中也含有濃濃的喜歡成分。

喜歡是對人遠遠的觀望，帶著欣賞的態度而產生的感覺；喜歡的感覺，是很表面、很膚淺的。剛接觸到對方真實和內在的生活時，這種喜歡的感覺很容易被改變。譬如一位男士在宴會中遇到一位小姐，覺得她貌似天仙、美豔動人，喜歡的感覺就油然而生，於是便展開追求。經過幾次約會以後，這位男士發現，這位小姐言語粗俗、貪圖錢財，於是，那種喜歡的感覺就逐漸消退了。終於，這位男士放棄了追求。

繼續灌溉喜歡的種子

有些男女，相互覺得喜歡對方就結了婚，過了幾年雙方發現，對方身上出現許多令自己不舒服的事情，於是婚前喜歡的感覺消失得無影無蹤，最後走向離婚的結局。

朋友就問那位離婚的女士說：「妳當初為什麼要跟他結婚？」

女士回答說：「我也想不起來為什麼要跟他結婚。」

喜歡只是一種浮萍，如果沒有根，浮萍就很容易隨水流去而消失。

我並不是說喜歡不重要，喜歡是愛情的種子，如果有喜歡，而不繼續發展，那麼愛情的種子就不會發芽、不會開花。

一粒種子很容易被拋棄掉，一個真正懂得愛情的人，有了喜歡的感覺時，就踏上了愛情的第一階，要珍惜這粒種子，好好的經營它，讓它開花結果。

相處融洽的價值觀

再上一層是和諧之階。和諧是兩個人相處時融洽的感覺，兩人在一起沒有衝突、沒有對立。

和諧的基本條件，是兩個人的人生觀、價值標準、處事態度要相同、或者是相近。如果兩個人的人生觀南轅北轍，一個追求名利，一個偏重靈性，這兩個人在溝通上就會發生困難。

如果兩個人的價值標準不同。以金錢為例，一個是愛財如命像守財奴，一個是性喜揮霍像敗家子，這兩個人就會天天為錢吵架。不和諧的狀態會讓兩個人越行越遠，唯有和諧才能讓兩個人攜手前行。

愛情中一定有濃濃的關心

第三層是關心之階。關心是愛情的基本表現，若張先生口裡說愛李小姐，當李小姐生病住進醫院了，張先生卻以工作太忙，沒有時間去看望李小姐，要過幾天才能去，這實在表示關心的程度不夠。那麼張先生口裡說的愛李小姐，只是一個空洞的名詞。

其實，關心並不等於愛情，在友情裡面也包含著濃濃的關心，但是真實的愛情裡一定包藏著濃濃的關心。

愛情的臺階都是心裡的感受，因為愛情原本就是心理現象，它不是食物、不是實體，所以一個人究竟站在哪一階上，如果不仔細思考，恐怕連自己都未必會知道。於是，有些人明明只是喜歡對方，對對方有好感，就以為自己在戀愛了，有愛情了。尤其是青春期的少男少女，往往很容易喜歡上異性朋友，然後就以為自己有了愛情，墜入愛河了。其實，喜歡是很膚淺的，那種感覺很容易就會消失，或者改變。

所以，站在第一層的愛情很容易破滅，只是一場青春夢罷了！而即使踏上了第三層的關心之階，也不過是到了愛情的邊緣，要進入愛情的核心，還需要更多的考驗。而一個人如果只在關心對方的程度就結婚了，婚姻也可能不穩固，因為此時愛情基礎不夠深厚，千萬別「婚」了頭。

愛情的進階，承諾是最高境界

相互吸引、獨享佔有都是愛情的特性，
最後願意許下承諾，抵達愛情的最高境界，
步入婚姻的殿堂，此生相守。

要進階走入愛情的核心，吸引是不可或缺的第一階，吸引是指兩個人內心有相互的吸力，雙方都想靠近對方，這種吸引不僅僅是身體的靠近，更是兩個人心靈的靠近。譬如兩個人常常想手牽手在一起散步，肩並肩在一起聊天，只要有一點點空閒時間，就想靠近對方的身邊，即使見不到面，打個電話，聽一聽對方的聲音也好。這就是人們常常說的：害了相思病！

有了吸引的感覺，可以說是真正踏進了愛情的圈子。吸引不是友情的因素，吸引是愛情分泌出來的膠水，兩個人的心通過電波，常常接觸在一起。

佔有是愛情的特性

進階的第二層是佔有。我們常說愛是不自私，是包容，所以在一個團體或者學校裡，成員或同學可以互愛，一個人可以愛其他成員，或者愛其他同學，那個愛是友愛。

但是男女之間的愛情和友愛不同，愛情是兩個人獨享的一種特殊感情，愛情具有排他性，愛情是不容第三者來分享的，所以愛情是一種佔有。如果妻子允許丈夫擁有另外的情人，這個妻子看來似乎表現出對丈夫的寬大，但事實上，這表示她和丈夫之間的愛情消失了；同樣丈夫如果同意妻子可以另外有一個情夫，這也表示丈夫對妻子的愛情不見了。

愛情是兩人之間最親密的強力膠，相互的佔有性及排他性極強。《聖經》記載說，上帝創造夫妻關係，這夫妻關係是二人合為一體，既然合為一體，就是緊密的結合，也就是互相佔有，這中間不容第三者插入。

所以，佔有是愛情的特性，可見愛情是很自私的，但是不要誤會這種自私是缺點，其實這種自私是很可貴的。愛情的自私，只限於男女兩人之間的感覺，除了愛情之外，他們還有友情、有親情，還有同情，那些情都是不自私的，容許大家一起來釋放愛。

譬如一個人自己愛父母，他也希望他的兄弟姊妹一同來愛父母，這是親情。再譬如許多學校的校訓是親愛精誠，是要同學們彼此相親相愛，這是友情。再譬如到一所孤兒院去參觀，大家都伸出援手，出錢出力幫助孤兒，這是同情。

無論是親情、友情，或者同情，都沒有佔有，沒有排他的成分，親情友情同情，可以說是一種博愛的表現，愛情卻是獨愛的感受。

愛的誓言，承諾一生一世

愛情的最後一階是承諾。承諾是愛情最高境界，也是愛情最偉大的光輝。在基督教儀式的婚禮中，新郎新娘會有一段結婚誓詞，這個誓詞是說：我們結為夫妻，願意一生一世，永遠相守，無論是榮華富貴、無論是困苦疾病，我們都不分離，我們互相照顧、我們互相扶持，永不離棄。這一段誓詞，是對愛情的承諾，這種承諾比鑽石還堅固，而且更美好。如果能夠遵守這個承諾，才是真正的愛情。

在美國有所大學校長，他年齡還不到六十歲就辭職申請退休。有人就問他為什麼這麼早就要退休？他回答說，他的妻子生了重病，他要全時間的照顧妻子。

朋友又問他，「你放棄尊貴的校長職位，回家去照顧妻子，這樣做值得嗎？」他回答說，「在我們結婚的時候，我們許下諾言，為了愛，我們要彼此照顧對方一輩子。現在我的妻子病了，她的病在短期內不可能痊癒，我要履行我的承諾。」

這位校長履行承諾的行動，是愛情最高境界的表現。承諾是一種付出，但並不是堅持付出就是愛心的高峰。在中國古代，尤其是明清兩個朝代，社會上流行著婦女要為丈夫守節的觀念：一個女子結婚以後，要從一而終，這個從一而終，是社會上普遍被接受的價值觀念。於是，女人一旦結了婚，就註定要守著丈夫，縱使丈夫體弱多病，或者脾氣暴躁，她都必須忍受，她要嫁雞隨雞、嫁狗隨狗，以服從丈夫作為妻子的責任。

其實，中國古代社會並沒有自由戀愛。在結婚以前，妻子是因為父母之命、媒妁之言而嫁過來的，並沒有見過丈夫的面，結婚不是基於感情，更沒有愛情。可是，她卻要死心塌地的從一而終，這個不是她的承諾，而是在社會、家族的壓力下，不得不做的事。如果一定要說是承諾，那是古代社會強迫婦女，造成的不平等承諾。

因為當時社會並沒有要求丈夫一輩子要和妻子相守，丈夫也沒有一直守著妻子的責任。所以，這種不平等的承諾，不是愛情，而是社會壓力之下的產物，會給人們帶來痛苦。須知愛情的承諾是心甘情願的，展現出人性的光輝；沒有愛情而在壓力之下的承諾，是痛苦的，顯現出人性的悲哀。

抵達愛情的進階，那就是較為成熟的愛情。婚姻的基礎也就較為扎實了，如果達到最高的承諾之階，婚姻關係必然是穩定的，夫妻生活也將會是幸福的。

真正的愛情，能展現出人性的真善美。《聖經．雅歌》第八章第七節「愛情，眾水不能熄滅，大水不能淹沒，若有人拿家中所有的財寶，要換愛情，就會被藐

視」。可見愛情是無價之寶，上帝希望人世間有愛情，《聖經》裡記載了很多的愛情故事，也表示如果一對戀人走在上帝的道上，他們將會受到上帝的祝福。

在婚姻中，
首先要建立
你儂我儂的親密關係

從《聖經》的敘述中
可以發現人類最早的骨肉關係是夫妻，
恩愛夫妻不但希望你儂我儂，更願生同衾，死同槨。

一對戀人步上紅毯，走進了結婚禮堂，他們就成為人世間最親密的夫妻關係，擁有骨肉之情……

看到這裡，一定會有人提醒我說：「錯了，錯了，骨肉之情不是父母對子女的關係嗎？中國的父母不是把自己的兒女叫作骨肉嗎？夫妻怎麼是骨肉之情呢？」

沒錯，中國人確實把子女稱為骨肉，因為子女是父母所生，子女繼承了父母的血脈，父母稱子女為骨肉，合情又合理。不過，人類第一個骨肉關係，不是子女而是夫妻。

女人是從男人身上取出來的

根據《聖經》的記載，上帝耶和華造天造地造萬物，最後造了人。造了一個男人取名叫亞當，他生活在伊甸園裡，上帝叫他修理看管伊甸園中的一切動物、植物，跟山川河流。

上帝說：「那人獨居不好，我要為他造一個配偶幫助他。」

於是上帝使亞當沉睡，當亞當睡著了，上帝從亞當身上取下一根肋骨，又把肉合起來，上帝就用亞當身上取出來的那個肋骨，造了一個女人，然後把那個女人領到亞當面前。

亞當看著面前站著的人，心裡充滿喜樂的說：「這是我骨中的骨，肉中的肉。」可以稱她為女人，因為她是從男人身上取出來的，這是人類的第一個女人，取名為夏娃。

亞當跟夏娃這對男女成為夫妻，他們不斷地生育子女，繁殖越來越多的後代，成為地球上的人類。

所以，從《聖經》的敘述中可以發現人類最早的骨肉關係是夫妻啊！而從第二代開始，子女才變成了父母的骨肉，如果沒有第一代的夫妻，就沒有第二代的子女，可見夫妻關係比父母與子女的關係更早、更親密。

恩愛夫妻願如一體

有一首歌叫作〈你儂我儂〉，曾經頗為流行，它的歌詞是：

你儂我儂，忒煞情多，情多處熱如火，
滄海可枯，堅石可爛，此愛此情永遠不變。

把一塊泥捻一個你，留下笑容使我長憶，
再用一塊塑一個我，常陪君傍永伴君側。
將咱兩個一起打破，再將你我用水調和，
重新和泥，重新再做，再捻一個你，再塑一個我。
從今以後，我可以說，我泥中有你，你泥中有我。

這首歌詞是改自管道昇的〈我儂詞〉，她是元朝時候的女畫家及女詩人，不但富有文才，詩詞作得非常好，又擅長畫梅蘭竹菊。

管道昇的丈夫是趙孟頫，趙孟頫字子昂，號松雪道人，是非常有名的書法家和畫家，他寫的字，很多都成為現代人臨摹的字帖，我們在書店裡，常常可以買到趙孟頫的字帖，他的書法無論是篆、隸、草書、小楷，都獨步古今自成一家。趙孟頫的繪畫也是一絕，他畫的人物栩栩如生，對後人了解元朝社會生活，有很大的幫助；他更擅長畫馬，他長期的觀察馬，研究馬的性格、動作，所以他畫的馬，無論是跑、跳、踢、竄等等姿態，都十分生動，人們評論趙孟頫畫的馬，比唐朝畫馬名家韓幹還更勝一籌！所以在中國藝術史上，趙孟頫是一位極為重要的人物。

管道昇也是一位才女，尤其擅長畫竹，她把畫竹的心得寫成一本書，叫作《墨竹圖》，書中詳細說明了畫竹子該怎麼運筆、如何運用筆墨的濃淡來表達，還有布局的重點、背景的變化等，都寫得非常詳細。這本書成為後人學習中國繪畫必讀的重要書籍。

趙孟頫和管道昇這對夫妻興趣相投，觀念一致，感情極為融洽，在一張大書桌前面，兩個人常常各據一方，各自盡情揮毫。有的時候，兩個人互讀對方的詩詞；有的時候，兩個人半夜起床，相依在床前共賞明月，是一對多麼令人羨慕的夫妻啊！

他們的恩愛之情是中國歷史上少見。因此，管道昇才能寫出如此深情的〈我儂詞〉，原文比較簡潔，與流行歌詞不同，全文是：

你儂我儂，忒煞情多，情多處，熱如火，
把一塊泥，捏一個你，塑一個我，將咱兩個一起打破，用水調和；
再捏一個你，再塑一個我。我泥中有你，你泥中有我，
與你生同一個衾，死同一個槨。

管道昇的〈我儂詞〉不是無中生有，也不是無病呻吟，這是她實際生活的感

受；夫妻結為一體，你泥中有我，我泥中有你，則是她和趙孟頫心情的寫照。相信如果當時有人告訴她，上帝從亞當胸前取出了一根肋骨，創造了夏娃，亞當與夏娃為骨肉相連，她應該會舉起雙手表示：「我就是從趙孟頫的肋骨裡，被上帝創造出來的」，來見證「夫妻間是最親密的關係」。而這也是夫妻二人能攜手一起邁向未來，所需要的共同認知。

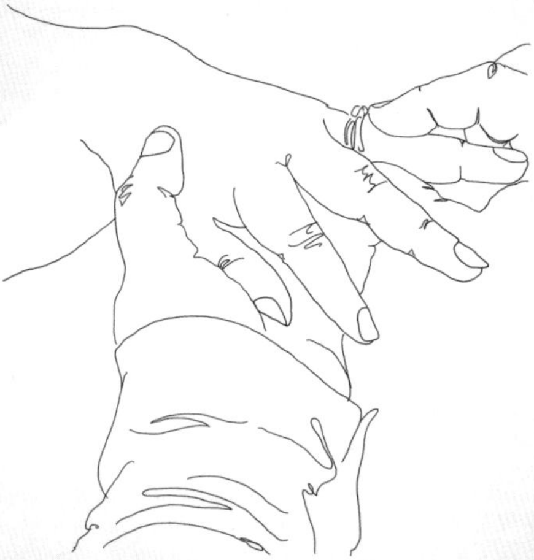

夫妻兩人
要共榮共辱，
讓彼此完整自己

婚姻狀態的好壞是由夫妻兩個人
彼此對待的態度來決定的，
而夫妻關係也要靠夫妻兩個人共同維持。

唐朝詩人白居易的〈長恨歌〉是膾炙人口的一首詩，其中「在天願做比翼鳥，在地願為連理枝」兩句，是形容夫妻兩個人相聚相連、相親相愛，後人就把這兩句話當作戀愛中的人常常用的誓詞。

的確，「在天願做比翼鳥，在地願為連理枝」是令人羨慕的情景，充滿了愛情的浪漫、快樂的情懷，或者任意攜手翱翔、或者互相依偎，纏綿在天地之間，彷彿只有兩個人其樂融融，豈可能用筆墨來形容呢！

然而人世間外在的環境錯綜複雜，內在的思想又千變萬化，又怎麼可能像天上的飛鳥，像地下的樹枝，那麼單純呢？於是在人世間，比翼鳥、連理枝雖然成為人們追求的夢想，但是能夠真正見到的有幾個？

關係維繫在於態度

上一篇提到，夫妻是一種極為親密的關係，夫妻關係不是像放鞭炮一樣，劈里啪啦一陣響聲，就煙消火滅了的短暫現象，而是數年至數十年，長期繼續的恆久相處。夫妻關係是要靠夫妻兩個人共同維持，有些夫妻幾十年都維持著良好關係，令人羨慕；也有些夫妻反目成仇，走向了離婚令人嘆息。其實，婚姻狀態的好壞是由夫妻兩個人彼此對待的態度來決定的，所以，想要保有一個美滿的家庭生活，夫妻兩個人對自己和對方的思想、態度是最重要的關鍵。

當代名作家張曉風女士曾寫過一則婚禮上的祈禱文，其中有段令人深省的話：

主啊！

我們不祈求堂皇的高樓大廈，求祢使我們成為彼此在地上的天堂，

我們不祈求驚人的財富，求祢使我們成為彼此生命中的至寶，

讓這新的家庭成為祢的新燈臺，照亮祢指定我們照亮的地方。

而有一天，主啊！當我們年老，我們能夠說：

感謝祢，因為祢完成了我們，並且使我們彼此在對方中完成了自己。

在這段祈禱文中，對神有三個祈求，第一個祈求是成為彼此在地上的天堂、第二個祈求是成為彼此生命中的至寶、第三個祈求則是彼此在對方中完成自己。三個祈求，都在求彼此共同的幸福，顯示幸福不是丈夫或妻子單方面所擁有，乃是夫妻兩個人共同的果實，完全跟《聖經》所說的，神創造了夫妻，兩個人合為一體的說法相吻合。

夫妻的身與心都是共同體

夫妻是一體，是骨肉相連的關係，夫妻兩個人不可能一個在天堂，一個在地獄；也不可能一個天天喝著人生的美酒佳釀，另外一個天天含著人生的酸澀苦果。

所以，一對男女要結為夫妻，先要建立起兩個人需要共榮共辱、同甘同苦的觀念，夫妻兩個人不是站在對立的地位，而是站在同一陣線上，而且手腳都綁在一起，一個人向前走，另外一個人也要向前走；一個人向右轉，另外一個人也要向右轉；一個人跌倒了，另外一個人也會跟著跌倒。

夫妻兩人其實不是兩個個體，而是一個生命共同體，這樣的夫妻會是幸福的夫妻，不管他們在現實的世界是富貴或是貧窮，他們都能夠擁有幸福。我們常常會稱呼自己的丈夫或妻子是「另一半」，這個說法很有意義，丈夫和妻子都是對方的一半時，不就表示要把丈夫跟妻子合在一起，才能變成一個，這樣才完整啊！這是多麼深刻且有意義的稱呼。

如果，你把你的丈夫或妻子，和你自己放在同一線上，手拉著手、肩並著肩，少說「你」、「我」，多說「我們」，這樣就會很容易跟自己的另一半成為一體，幸福也就會降臨在你身上。

換位思考，
調適彼此生活習慣

夫妻兩人在不同的環境裡長大，有不同生活習慣，
婚後建立起共同的家，不要堅守老習慣。

一對戀人步上了紅毯，結為夫妻，在起初的幾年，是夫妻關係的調適期。

志明不是我的弟弟，但因為年紀比我小，因此叫我大哥，有什麼問題也會問我。

他前一陣子結了婚，由於我也認識新娘子小雲，所以覺得他們兩個人性格不大一樣，志明爽朗豪邁，為人處事粗枝大葉；而小雲則是內向拘謹、細心謹慎的人。他們結婚大概一個月後，有一天我接到志明的電話，聲音有點急促地說要請我幫忙。

我不知道發生了什麼事，放下了電話，立刻叫車趕到志明家，一踏進他家，我就感覺到氣氛不對。志明氣呼呼地喊著，小雲坐在沙發上哭泣。

親密相處更易產生摩擦

我拍著志明的肩膀說：「你們吵架嗎？剛剛才結的婚，還在蜜月之中，怎麼就吵起來啦！」

志明用手指著小雲說：「莫名其妙，我今天下班回來，她就向我發脾氣，說我不愛她，然後就哭了，我哪有不愛她，她真是無理取鬧。」

飯桌上的菜飯都還沒動過，看來他們還沒吃晚飯，就吵起架來了。

我在小雲的對面坐了下來，輕聲對她說：「現在都已經九點多了，你們還沒有吃晚飯，為什麼會吵架呢？」

小雲抬起頭來，兩眼淚汪汪說：「我做好晚飯，他都沒回來，也不給我電話，我撥他的手機也關機，一點訊息也沒有，等到快要九點鐘才回來，回來後也不道歉。」

志明反而瞪著眼睛對我說：「幹嘛不吃飯，要吃自己先吃，不要管我。」

小雲說：「我關心他，他卻一點都不在乎我！」

這時候志明大聲說：「我們家向來是各吃各的，我沒有回來她可以先吃，剩下的我回來再吃。」

聽完這些話，我立刻對志明說：「你說『我們家』，是指你現在的家嗎？」志明回答：「我說我們家是指我爸爸媽媽的家，我在那裡長大。」

重新建立適合彼此的生活習慣

我說：「志明，你錯了，你說『我們家』應該是你和小雲組成的家，你從小長

大的家，是你爸爸媽媽的家，你已經離開了那個家。你要時時刻刻想到提到『我們家』就是你和小雲組成的家。我知道你媽媽愛打麻將，每天晚上要和鄰居玩八圈小牌，所以你媽會把晚飯做好，就去打牌了，你和你爸爸回家，就各自吃飯，你媽也不管你們，這就養成你不定時回家，和單獨一個人吃飯的習慣。」

志明聽後點了點頭。

我接著說：「可是，小雲卻不一樣，小雲家在每天晚餐的時候，媽媽一定是等爸爸、小雲、小雲的弟弟，一家四口到齊了一起吃飯。所以，你們在結婚以前，各人的吃飯習慣是不同的。而你們現在建立了新家庭，你們要商量你們的家，是採用志明媽媽家的習慣，還是小雲媽媽家的習慣，或者，你們另外採用一個新的方式。你們現在有自己的家，不要再堅持用父母家那一套生活習慣了。」

這個時候志明坐到小雲旁邊，誠懇地對小雲說：「我現在才發現我的生活習慣跟妳不同，造成妳很多困擾，我沒有準時回來吃晚飯，不是我不愛妳，而是我二、三十年的習慣就是如此，請妳原諒。」

我笑著說：「你們兩個人把事情講明了，就不會造成誤會。至於以後，你們要如何吃晚飯，你們兩個人可以慢慢商量吧。」小雲接著說：「不僅是吃晚飯的問題，還有許多生活細節，志明跟我都不一樣，讓我也好煩惱啊！」

我安慰他們說：「別煩惱，你們兩個在不同的環境長大，各人有自己的生活習慣，現在你們要生活在一起，建立起兩個人共同的家。剛開始，難免會因為『老習慣』不同而發生摩擦，也會有些小衝突。但是你們要彼此調適、彼此適應，不要固執地堅守自己的『老習慣』。如果發現對方的生活習慣比自己的好，不妨改變一下自己去順應對方。你們要認清，這裡不是志明一個人的家，也不是小雲一個人的家，這裡是你們的家，你們兩個人不再是單一的個體，而是一個新個體的一半，你們要融為一體，不分彼此，因為你們是『我泥中有你，你泥中有我』的新人。新人新環境，你們兩個人都要努力調適自己，讓你們的夫妻關係更融洽，家庭的生活更幸福。」

設身處地為對方著想

後來，志明說他不知要跟如何與小雲調適，我慢慢解釋給他聽：「你們要用愛心去調適新的生活。像是《聖經》教人要愛人如己，志明你要愛妻如己、小雲要愛夫如己，處處設身處地為對方著想。不要遇到事情，就先想到我怎麼樣，而是要先想到她怎麼樣。」

我以今天晚上的事為例來說明，提到志明到九點多鐘才回來，也不事先打個電話，志明不該替自己找理由，認為和朋友在聊天忘了時間，高興什麼時候回來就什麼時候回來。

我對志明說：「你要先想到，小雲在家裡等你，下班這麼久了沒訊息，她會擔心你的安全。」小雲用眼神肯定了我的推測。

「你要站在小雲的立場來思考，想想小雲學校的學生四點鐘放學，五點鐘就可以離開學校了，大概五點半就可以回到家。如果有一天，小雲到七點鐘還沒回家，又沒有電話來，你在家裡等著，你會不會擔心小雲的安全？」

我相信志明會擔心，因為志明是愛小雲的。所以，最後我鄭重地跟他們說：「志明、小雲，你們要記住，愛對方就要為對方設想，愛就是不要讓對方擔心。」

志明點點頭說：「我懂了，以後做事要常常想到，這樣做小雲會有什麼感覺。」

誤會順利解開，兩人也可以安心吃頓遲來的晚餐，雖然已經是吃消夜的時間了。

建立共同的價值觀，才能走得長遠

價值觀就是對事對物衡量輕重的標準。
調適婚姻關係時，
了解對方的價值觀，才能更認識對方。

新婚的志明與小雲，來自兩個家庭，當然在生活習慣上南轅北轍，經過上次晚餐事件後，他們開始注意夫妻間的調適，但也發現這並不簡單，於是，有機會又來找我詢問「要怎樣才能調適婚姻生活」。

我很高興他們這麼積極去面對生活上的問題，當然也知無不言，說：「你們雖然已經開始我心裡有你，你心裡有我。但是這還不夠，你們要相互做更多的了解。」

他們看著我，想知道要怎麼做。

「我知道你們兩個人相戀了兩年，這段時間你們到底相互認識多少呢？在戀愛中的情侶每天接觸，大概最多是三、四個鐘頭吧，吃飯、聊天、看電影，或者到風景區去玩一玩，你們所談的，恐怕很難接觸到實際生活深層的一面。所以，一旦結了婚，就發現對方這一點不合我的意，那一點也不是我所理想的，處處不對勁，這就是你們結婚之前相互認識不足。現在結了婚，要趕快多多去了解對方。」

此時，小雲睜大了眼睛急著問：「要了解對方什麼？」

價值觀是現實的關鍵

我回答說：「小雲，妳要了解志明這個人，了解他的性格、脾氣、嗜好、習慣，還有很重要的一點，就是他的價值觀。」

志明很好奇什麼是價值觀？

我想了一下回答說：「價值觀就是對事對物衡量輕重的標準。舉個例子來說，對錢的價值觀，是把錢看得很輕，還是看得很重？我有一個大學同學，後來一起在大學裡教書，大家都知道他很小氣，從來沒看過他請客，連點心都沒有請過，於是大家取個外號叫他『鐵公雞』，是說一毛不拔，因為鐵公雞身上沒有毛。他每天晚上，都會把銀行存摺拿出來看看，看到數字增加，就感到極大的快樂。所以，他對錢的價值觀是世界上最可愛的東西，也認為錢重於一切。後來他得了重病，有人勸他去看一位中醫，這位中醫開的藥方，每一帖要五千元，還要連續吃一個月，他不肯去買藥，但不是不信這位中醫，而是他嫌這個藥太貴了，捨不得花錢。結果過了半年，他就病死了。」

志明跟小雲同時搖頭嘆息，「把錢看得比命還重，真是不值得！」

我點點頭說：「的確不值得，但是這是他的價值觀。夫妻兩人常會因價值觀的差異吵架，譬如有些妻子會把美貌看成是人生最重要的東西，於是這位妻子會把大筆的錢送給美容整形診所；丈夫卻認為妻子最重要的是內在美，何必花太多的錢在美容整形上面，寧可花在裝飾房屋跟提升飲食上，於是兩個人會吵起架來。」

討論商談出共同的價值觀

我舉了一些例子，讓他們理解價值觀是可以改變的。但是改變要用柔軟的方式，需要夫妻兩個人互相討論、互相商量，而不是用強硬的方式，要對方放棄他的價值觀。互相討論、互相商量是理性的、是感性的、是和平的，也是一種愛的表現方式。

夫妻之間，如果能夠常常用討論、商量來談問題，一定能化解掉許多的誤解跟衝突，使夫妻兩個人的共同性越來越多，價值觀越來越接近，感情就更為融洽。

志明跟小雲同時握住我的手說：「謝謝大哥的開導，又讓新婚的我們上了一課夫妻之道。」

我微微一笑，心中為他們禱告：「主啊！請引導這對夫妻走上幸福之路吧！」

待之以禮，
才能讓愛長久

優美的家庭文化中，最容易也最被忽略的一點，
應該是夫妻之間要維持適當的禮貌。

一對新婚夫妻最優先該做的事，是建立優美的家庭文化。因為，他們要長期生活在這個家裡面，如果這個家，擁有優美的家庭文化，那麼這個家對夫妻兩人都會有強大的凝聚力，他們彼此會互相融合，沉浸在幸福之中。

打造一個優美的家庭文化，不是丈夫或者妻子單獨一方的事情，而是需要夫妻攜手共同努力。也許在打造的過程中，有一個人擔任主導，但是另一個人要盡力配合，兩人合力打造，這工程才能順利完成。而優美的家庭文化中，最容易也最被忽略的一點，應該是夫妻之間要維持適當的禮貌。

互重互愛，相敬如賓

有人在結婚之前，對自己的情人表現得很有禮貌，讓女孩子覺得這個男朋友像君子，讓男孩覺得這個女朋友像淑女。這種禮貌是因為這對情侶還處在陌生的階段，一般人對陌生的朋友都會表現出客氣有禮的態度。

等到結了婚，夫妻同床共枕後，陌生感消失了，就變成非常熟悉的人。一般人對熟人就會忘記禮貌，對越熟的人就越不講禮貌。譬如說，父母跟子女，子女可以說是從小就跟父母在一起，是最熟悉的人。於是父母對子女，或者子女對父母，往往是最沒有禮貌的關係。

但要知道「禮貌」不是一種虛假的表面態度，「禮貌」要有兩個心理作為基礎，一個是愛、一個是尊重。中國人常說夫妻相處，要相敬如賓，這個「賓」是「賓客」就是客人，中國人對待賓客都是客氣而有禮貌，夫妻把對方看成賓客，是表示愛對方並尊重對方。

缺少愛，就會相待如冰

但如果缺少愛，只有尊重，那麼這種禮貌就是一種表面的樣子。

我們有的時候會遇到一些夫妻，他們並不相愛，但是因為受過高等教育，得裝出一副斯文守規矩的樣子。所以，他們夫妻彼此雖然都很有禮貌，不會惡言相對，卻是一副冷冰冰的感覺。這種沒有愛只有尊重的禮貌，我們可以把它稱之為「相待如冰」，冰冷的「冰」表示沒有感情。

無愛無禮，則相處如兵

有的時候我們會遇到一些夫妻，見了面就吵架，甚至打架，這是因為他們心裡對彼此沒有愛，也沒有尊重，當愛跟尊重都不存在時，禮貌也就更不可能存在了，吵架、打架自然隨時都會發生。這一類的夫妻，他們可以說是「相處如兵」，這個「兵」是武力暴力的意思。

一對有優美文化家庭的夫妻，他們一定是相敬如「賓」，不是相待如「冰」，更不是相處如「兵」。

相處，勿貴遠賤親

夫妻之間表示禮貌的方式很多，最常用到的是多說「謝謝」。人們常常犯了一個錯誤，當一個朋友或陌生人為你做一件小事，譬如：為你倒杯水，你會向他說謝謝；但是對身邊親近的人，卻不肯說聲謝謝。

在中國家庭裡，子女很少向父母說謝謝；結婚以後夫妻成為最親近的人，於是認為親近的人為自己做事是應該的，也就不用講謝謝了。其實，這是錯誤的，說謝謝表示內心的感激，和對對方的尊重，這是一種表達禮貌的方式。對最親的人，也該表達對他的感激和尊重，當對方從你所說的謝謝中，體會到你對他的感激跟尊重，他也會用相同的態度來回報你。於是，夫妻之間自然會相敬如賓，所以，適當的禮貌是建立優美家庭文化的基礎。

尊重彼此，
才能讓愛落實

丈夫不是飯票，妻子也不是煮飯、生孩子的工具，
重新審視彼此的婚姻關係，家庭自然可以幸福美滿。

若夫妻間的禮貌是容易卻常被忽略的事情，那麼夫妻互相尊重對方，則是必要卻是很難做到的事。

夫妻不是彼此的工具

有些丈夫會因為妻子工作的職位不高，或者是只在家裡做做家務，而產生輕視的心理。中國傳統上，丈夫常常把妻子稱為「黃臉婆」、「賤內」、「家裡的」，這些稱呼都含有輕蔑的意味；同樣的，妻子對丈夫在工作上或者在家裡的表現感到不滿，而冷言冷語加以諷刺的也非常多。常聽到女性把丈夫稱為「死鬼」，實際上是妻子對丈夫的詛咒。

夫妻之間，不要把對方看成是工具，有些妻子把丈夫當作「飯票」，這個飯票又豐盛又好，就拚命要丈夫多賺錢。於是，丈夫在這個妻子心中，只是賺錢的工具；同樣，有些丈夫把妻子當成僕人，替他把家務料理妥當。於是這個妻子，在這個丈夫的心中，她只是管家的工具而已啊！

曾經有個妻子對丈夫說：「死鬼啊，鄰居小張和你都在同一個機關的總務處做事，我看到逢年過節，好多人送禮到他家，怎麼沒人送禮給你呢？你不會想想辦法嗎？真是沒用！」這個妻子是把丈夫當成了收禮的工具，完全不尊重丈夫的品德。

也曾經聽過兩個男人在談自己的妻子，一個男人說：「我的老婆糟糕透了，結了婚以後，我才發現她不會做家事，房間弄得一塌糊塗，她也不整理，也不會做菜，我娶了她，還不如雇一個女傭，來得更好一點。」這個男人是把他的妻子當成做家事的工具。

另外一個男人則說：「哎呀，我雇女傭，我不要老婆做家事，我娶老婆是希望她給我多生孩子，因為我家四代單傳，人丁不旺，我想多生幾個孩子。結婚之前，算命先生算過我這個老婆是多子之命，所以我才跟她結婚的。可是現在結婚已經三年了，她一個也沒給我生，真氣人。」這個男人則是把妻子當作生孩子的工具。

婚姻不該是利益的結合

結婚是人生愛情路上的一站，丈夫跟妻子從結婚開始，生活在一起，兩個人結合是愛，目的是要讓這份愛落實，所以他們才要結婚，組成一個家庭。

「愛」是不求回報的付出，《聖經．哥林多前書》說「愛是不求自己的益處」。如果把對方當成工具，那是求自己的利益，這絕對不是愛，那當然就談不上

尊重了。

一對不能互相尊重的夫妻，會容易演變成互相輕視，結果一定是互相爭吵的家庭戰爭。因此，重新審視彼此的婚姻關係，學習尊重，養成禮貌，家庭自然可以幸福美滿。

平等關懷，
造就家庭的溫暖

充滿和平、溫暖互愛、歡樂，
是擁有優美家庭文化的家；
若粗暴、冰冷、衝突、悲情，
則是屬於劣質家庭文化的家。

走進一個家庭，從室內裝飾、擺設布置，跟男女主人講話的語氣、雙方互動的態度等來觀察，就會發現每個家庭都有獨特的家庭文化。

有的家庭，當你走入後會感覺到充滿了和平、溫暖互愛、歡樂，這是一個擁有優美家庭文化的家；有的家庭，你走入後感受到這個家充滿了粗暴、冰冷、衝突、悲情，這是一個屬於劣質家庭文化的家。

共同享受，共同負擔

家庭的文化需要夫妻共同來建立，在彼此的關懷與鼓勵下，共同負擔婚姻中的責任，也共享其中的喜悅。因為結婚是兩個個體結合為一個新個體，這個新個體中，丈夫跟妻子是融合在一起的，這家裡一切的事、物，都是屬於兩個人共有的，何必分彼此呢。

我舉一個小故事，定全跟靜雯是一對新婚夫婦，靜雯出生在一個富裕家庭，從小沒有做過任何家事；定全生長在一個貧窮家庭，雖然是男生，但從小要幫媽媽做家事，所以也會煮飯燒菜。

結婚以後，靜雯對家事一竅不通，連掃地、擦桌子都弄不乾淨，全部家務都由定全包辦，靜雯在定全的後頭跟著，卻是一點也幫不上忙。

有一天，吃完晚飯以後，兩人坐在餐桌前面，靜雯很難過的說：「定全，我對不起你，你白天要上班，回家還要忙著煮飯、燒菜，我什麼也不會，真是慚愧啊！」

定全握著靜雯的手說：「別這麼說，這是我們的家，我做點家事也是應該的。我不認為家事只是妻子的工作，丈夫也應該做，何況妳從小就沒做過，等妳慢慢學會了，我們一起做。」

「謝謝你定全。」靜雯感動得幾乎要哭出來。

的確，家是兩個人共同組成的，任何事物，夫妻都要共同享受、共同負擔。夫妻是共生共榮的一對，千萬不要變成對立的關係。

常反思是否有鼓勵關懷對方

夫妻生活在一起，互相關懷是應該的事情，但是常常見到的現象是妻子對丈夫有比較多的關懷；而丈夫對妻子比較缺少關懷。這不是丈夫有意忽視妻子，而是男女性向的差異，男人比較粗心大意，很容易就忽略了妻子身體或者心理的需求，於

是，表現出來的就是對妻子不關心，做丈夫的要盡量改正性向上的缺點，兩個人相處的時候，多多關心妻子的一切。

除了互相關懷之外，夫妻間要少點抱怨、少點指責。雖然多點肯定、多謝稱讚或多互相鼓勵是夫妻很難做到的事，但是卻至為重要，需要隨時自我提醒。

《聖經》上說「人要離開父母，與妻子連合，二人成為一體」。成為一體的夫妻，如果生活在優美的家庭文化之中，這個家將非常溫暖，一定會感受到人生好幸福啊！希望每個家庭都能得到這樣的幸福。

愛發於心，
才能溫馨

維繫夫妻幸福家庭的關鍵是愛。
夫妻間有愛，家庭才會幸福，
如果夫妻之間沒有了愛，
這對夫妻一定是同床異夢。

夫妻間的愛，不是只存在於個人的心理。愛，是要用行動表現出來，把愛放在心裡不表現出來，就像把愛放在冰箱裡，愛失去了熱力，變成冰冷僵硬的感覺，這是失去作用的愛，對方對這種冰冷、僵硬的愛，不但不能接受，反而會逃避或者排斥。

一天，有對夫妻來到了柯律師事務所。妻子嚷著要離婚，請柯律師代辦離婚手續，其實柯律師跟這對夫妻平常就很熟悉，因為這位丈夫胡耀明，是宇興電子公司的董事長，柯律師是宇興的法律顧問，兩個人常常在一起談法律問題。

愛無法用物質與金錢替代

柯律師眼見兩位進來辦公室，笑著招呼，「胡董事長、胡太太，請坐請坐，別著急，有話慢慢講。」

胡太太一臉怒容，進門就高聲說著：「沒什麼好說的，你幫我們辦離婚手續好了。」

「離婚太嚴重了吧，你們都有孩子了，我看你們生活過得也滿好的啊！幹嘛要離婚呢？」

胡太太指著丈夫，「他不愛我，和一個不愛我的人生活在一起，好痛苦，不如分開算了。」

柯律師望一望胡耀明，「你不愛你的妻子嗎？」

只見胡董事長很委屈的表情，「我很愛她，我在外面雖然應酬很多，卻從沒有拈花惹草，我只愛她一個人啊！」

胡太太打斷了丈夫的話，「你心裡面根本沒有我，還說愛我，去年我生小寶的時候，你連到醫院看我都沒有，平常早出晚歸，一天都見不到人影，你把家當成旅館，還常不回來，你也不管我日子怎麼過的，你還說是愛我嗎？」

胡董事長急著解釋，「妳生小寶的時候，正巧高雄的新工廠開工，我必須在高雄，趕不回來，我已經向妳抱歉過了，我工作太忙。因為這幾年正是我擴展事業的時候，幾個公司讓我忙得焦頭爛額。所以，在家的時間很少，這要請妳諒解。不過，我沒有讓妳的生活缺乏什麼啊！我為妳雇了兩個女傭幫忙家務，又雇了一個司機，專門聽妳差遣，妳在家裡面不會缺乏什麼啊！」

「物質的不缺乏，不表示生活的不貧乏。這個家什麼有形的東西都有，就是缺少無形的愛，我整天在家裡，感覺到是冰冷和空虛，這些有形的東西，我自己也買得起啊！何必要你出錢。我想要的是一個溫暖有人情味的感覺。」

這時柯律師抬了一下手，打斷兩人爭吵，「我知道你們的問題出在哪兒了，我和兩位認識多年了，恕我把話直說。胡董事長工作繁忙，這是事實，他沒有外遇這也是事實，他心裡愛妻子也是事實，他認為把妻子的物質生活安排得很富裕，這就是他愛的表現。」

此時，柯律師轉頭看著胡太太，說：「然而胡太太是個作家，胡太太寫詩、寫散文、寫小說，看重感情生活，渴望浪漫的、濃郁的愛情生活。於是，你們兩個人對愛的表達方式，就有了很大的差距。」

其實，胡董事長是愛妻子的，胡太太也愛丈夫，只是胡太太感受不到胡董事長的愛，胡太太也沒辦法讓胡董事長表達她所想要的愛。於是胡太太覺得，胡董事長並不是真心愛她，才會想到要離婚。

愛的表達從關心開始

胡董事長聽了柯律師的話就問說：「那我要怎麼樣才能表達我的愛呢？」

柯律師喝了一口茶，用穩重的語氣說：「胡董事長，你要重新調整你的工作時間，分出一部分時間來關心妻子，用關心表達出來的愛，是溫暖的；溫暖的愛才能融化妻子，創造一個溫馨的家。你現在是用金錢來表達愛，這種愛，讓妻子感覺到冷冰冰的，是沒有感情的。胡董事長，你現在要考慮，是否要從工作的狂熱中抽身出來，留一點時間陪伴妻子，多多關心她。」

胡耀明聽了律師的話，伸出了右手，握住了胡太太的手，誠懇地說：「柯律師點醒了我。我愛妳，但表達方式錯了，從今天起我會改正，讓妳體會到我對妳的愛。」胡太太的眼眶充滿了淚水。

胡耀明想用財富來表示愛情，結果是失敗。在《聖經．雅歌書》第八章第七節中有一段「愛情，眾水不能熄滅，大水也不能淹沒，若有人拿家中所有的財寶，要換愛情，就會被藐視」。的確，財富換不到愛情。夫妻之間的愛情，不是建立在金錢上，而是建立在互相關心的基礎上。

關心則亂，
學習正確的方式

相互關心是一種心理，如何表現在行為上呢？
關心的行為要如何表現出來，又有哪些須注意的事情？

夫妻互相關心的行為中，最首要的是陪伴。想辦法在自己生活的程序中，多安排一些時間，陪伴另一半，增加兩個人共同相處的時間，相處的時間越久、越長，就越能體會對方的愛；相反的，如果相處的時間越少、越短，就越不能感受到對方的愛。

建昌家就是最好的例子，建昌的妻子玲惠，三年前帶著十歲的兒子，從臺灣移民到美國，留建昌一個人在臺灣，玲惠三年都沒回臺，建昌在臺灣工作非常忙碌，也沒有時間去美國。

有一天，我忽然接到玲惠從美國打來的電話，她在電話裡哭著說：「建昌有了外遇，他要和我離婚。」

我感到很突然也很茫然。「你們以前的感情不是很好嗎？為什麼要離婚？」我決定來問問建昌。

第二天，我找到了建昌，問他為什麼要離婚？建昌說：「我跟玲惠三年沒見面了，我孤伶伶一個人生活，玲惠完全不關心我，我只是每年匯錢的工具而已。既然沒有了愛，這種婚姻怎麼維持下去呢。」

的確，夫妻兩個人相處的時間太少，就越來越疏遠了，由戀人漸漸變成陌生人，愛的濃度也越來越淡，所以互相陪伴，是維持甜蜜夫妻關係的先決條件。

從傾聽中發現對方需求

夫妻相處，不僅僅是兩個人身體常常陪伴一起，更要用心去了解對方的生活方式、好惡、處理事情的方法、情緒的表現、內心的想法等等。互相了解得越多，夫妻感情就會越好，當雙方言行相互有了默契，兩個人就會變成知己，成為知己的夫妻。凡是知己的夫妻，一定是甜蜜又恩愛。

若要互相了解，則傾聽是必需，許多夫妻常常會搶著講話，自己的意見表達完了，不是離開，就是獨自看報紙或是看電視，不再理會對方說什麼。尤其是做丈夫的，最容易犯這個毛病。

其實，傾聽對方的話語，是維持良好夫妻關係的重要因素。「傾聽」不僅是聽見而已，不是只接受對方的聲音，傾聽除了聽到聲音外，還要了解對方說話的內容和含義，並且互動與溝通。所以，在傾聽的時候，要專心注意，還要細心觀察對方的表情，並且做出適當的回應。

願意「傾聽」，表示重視對方、尊重對方，所以，傾聽可以增加夫妻相互的了解，增進夫妻之間的感情。

愛要尊重才不傷人

而最後就是互相尊重，夫妻關心對方是好的，但關心的態度要謹慎拿捏，拿捏的重要原則就是處處尊重對方。

先拿父母對未成年兒女的關心來舉個例子。由於父母對孩子有保護、管教的心理，於是父母在關心時，常常忽略了孩子的自尊心。

曾見過一個母親拿著幾本書，到小學教室裡去找兒子，在教室門口大聲罵兒子：「你這個小鬼，怎麼沒有頭腦，你帶了一個空書包就來學校了，你沒帶課本，怎麼上課呢？你不要一直貪玩，該努力功課。」全班同學都聽到這位媽媽的訓斥，讓這個兒子站在教室門口，羞愧地低了頭，這位媽媽的確是關心兒子，但是完全不顧兒子的自尊心。

連小孩子都有自尊要顧，何況大人，所以夫妻要關心對方，千萬不要把對方當作兒子或女兒隨便責罵。關心原本是件好事，但責罵的態度會使好事變了形。關心要帶著柔和的態度，不可以用高姿態來表現關心，不可以用嚴厲責備的口吻，來顯示自己的關心。

有一次，我聽到一對夫妻在吵架，這位丈夫說：「我告訴妳，騎機車要戴安全帽，妳今天出去怎麼又沒戴啊！如果出了車禍，頭部受傷那怎麼得了！」

妻子說：「我匆匆忙忙都忘記了。」

丈夫說：「妳這個女人就是沒頭腦，總是迷迷糊糊的。」

「撞死是我的事，你少管！」妻子當然會很生氣。

這位丈夫關心妻子的安全，原是出於愛的心理，但是用責備的言語表現出來，妻子在自尊心的作用下，自然會認為丈夫管教約束自己，於是很容易直接拒絕的丈夫的關心。因此關心態度的拿捏非常重要。

談到夫妻之間互相關心的行為表現，須注意的有以下幾點：

- 要多多陪伴對方。
- 增加相處的時間。
- 要多多了解對方。
- 要傾聽對方的講話。
- 要處處尊重對方。

總而言之，關心是種善意，但要用正確的方式傳達給對方，讓對方領受到你的善意。如此的關心，才能成為夫妻愛情的凝聚力。

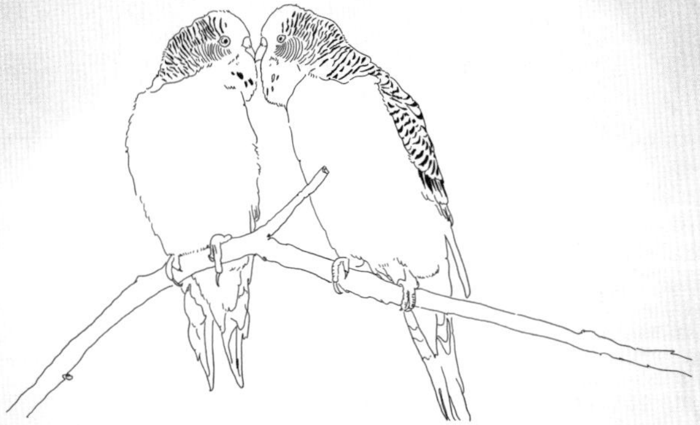

不以微小而不付出，
愛在生活細節中

夫妻之間為對方付出的，不限於金錢的慷慨，
在生活任何一個細節上，都可以為對方付出。

在《聖經》的〈創世記〉中記載上帝創造人類的經過，第一個被造的人是亞當，他是個男人，接著上帝從亞當的胸前，取了一根肋骨，創造了一個女人夏娃，並讓亞當跟夏娃結為夫妻。所以，根據《聖經》的說法，夫妻是出於一體。

小小付出讓感情大大增加

在一九五〇年代，臺灣的經濟還是很落後，有一對夫妻維本和燕玲，兩人都在小學教書，收入相當微薄。有一天放假日，燕玲感冒全身無力，不能到市場去買菜，維本就自告奮勇，願意幫忙上菜市場，他問燕玲要買什麼，於是燕玲寫了菜單交給維本，並且對維本說：「想吃五爪蘋果，你看看市場有沒有，不合適就不要買了。」

維本從市場把菜買回來了，對燕玲說：「你要五爪蘋果是外國進口的，比臺灣的蘋果要貴三倍啊！但是我還是買了五個，妳嘗嘗看。」

燕玲感動地說：「你真捨得啊！謝謝你。」

維本買那麼貴的蘋果，不僅是對妻子做金錢的付出，其中更隱藏著一份愛心。其實，夫妻之間為對方付出的，不限於金錢的慷慨，在生活任何一個細節上，都可以為對方付出。

共同的責任，共同負擔

維本喜歡打籃球，每個星期六下午都要到學校，去參加校職員籃球隊的練球或者比賽，而且維本的球打得很好，所以他還是學校教職員籃球隊的主將。一個星期六的上午，燕玲對維本說：「平常禮拜六下午你去打球，我就在家裡面打掃清潔，今天下午我媽有事找我，你可不可以留在家裡面打掃清潔。」

維本一口就答應說可以，「今天下午原本有一場比賽，我打電話給我們隊長說不去參加了。」

燕玲說：「真不好意思，害你不能去參加比賽，謝謝你。」

維本笑著說：「不要這麼說，妳為我和我們家付出了很多，我也該付出一點點，犧牲一場球不打，算不得什麼，我該做什麼，儘管告訴我。」

維本放棄心愛的球賽，來做家事，減輕燕玲的負擔，這個是小小的付出，但是對夫妻感情卻是會大大增加。

重視對方的感受，願意為對方付出，這是夫妻之間最真誠的愛，當連微小的需

求也主動關心與重視，更顯得對婚姻的經營用心，當然也可以進一步增進夫妻間的情感。

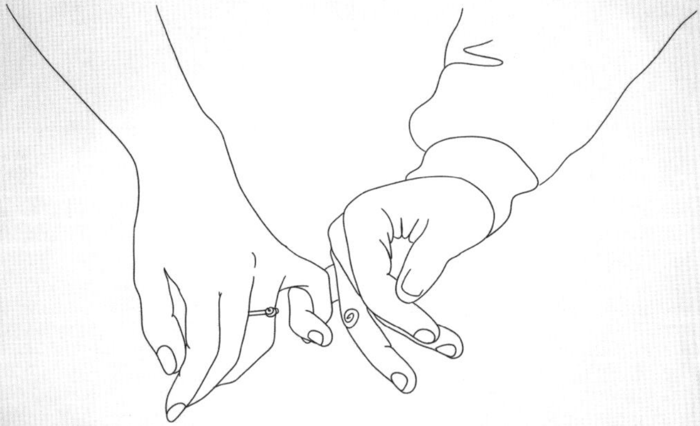

夫妻同體，
付出是心甘情願

夫妻又稱為「牽手」，

互相扶持原是理所當然的事情。

因為愛與承諾，所有的付出都是心甘情願。

夫妻如同一個身體中的兩個肢體，兩個肢體是互相協助及配合的。譬如一個人用右手提著重物，太重了拿不動，左手自然而然會伸出去，一起來提；一個人過馬路，眼睛忽然看到，有汽車從左邊飛馳而來，他的雙腳立刻就會向後退到人行道上；有人車禍受了傷，他的右手成為殘廢，他平常很少用的左手就會慢慢變得很有用，他可以用左手拿筷子，用左手寫字，這些事例都說明人的肢體是互相配合的，肢體與肢體之間是互相支援的。

夫妻既然是一個身體中的兩個肢體，夫妻互相配合及支援，這是很自然的事。夫妻間的支援就是付出，付出不僅限於金錢，還包括時間、勞力和關心，由於是一體，這些付出也都是心甘情願。

愛的誓願，理所當然的付出

進文是一家小雜誌社的編輯，他的妻子梅珍在一家超商當店員，兩個人的收入都不多，每個月的薪資，剛剛好夠維持生活。進文從小就十分喜愛彈鋼琴，也跟幾個老師學過琴，老師們都稱讚進文有彈鋼琴的天分。但是進文家境清寒，大學也沒考上音樂系，進文還沒結婚之前就告訴過梅珍，自己最大的願望是擁有一架鋼琴。

結婚以後，他們的家庭經濟並不富裕，進文的鋼琴夢始終沒能實現。有一天，進文下班回家突然發現，客廳裡有一架全新的鋼琴，他驚訝的張大了嘴說不出話來，這個時候梅珍走了過來，對進文說：「這架鋼琴是我送給你的生日禮物，你高興嗎？」

進文握著梅珍的手激動地說：「太美啦，太美了，謝謝妳！我的夢是實現了。不過，妳哪裡來這麼多錢買鋼琴呢？」

梅珍用手指一指沙發後面的玻璃櫃說：「你看。」

進文發現櫃子裡的翡翠如意不見了，梅珍說：「我賣掉啦！我把那個翡翠如意賣掉了，買了鋼琴。」

「什麼！」進文拉住了梅珍的手，「翡翠如意是古董，是妳祖母留給妳母親，妳母親又留給妳，要妳再傳下去的，這是妳的傳家之寶啊！妳怎麼把它賣掉啦！妳怎麼捨得？」

梅珍笑了笑說：「翡翠如意是古董，是我傳家的寶物，終究是身外之物；它雖然貴重，但你比那些古董更貴重，把它賣了為你實現夢想，這是值得的。」

進文幾乎要哭出來，緊緊拉著梅珍的手說：「妳賣掉妳母親給妳最珍貴的禮物，為我買鋼琴，妳為我付出太多。」

梅珍安慰進文，「別這麼說，這是我心甘情願的，我愛你，為你付出什麼我都願意。」

付出不止於金錢，更是全心全力

有一位大學教授才六十歲，就申請提前退休，因為他的妻子得了老年癡呆症，生理和心理都在逐漸退化中，他申請退休的理由是要在家裡陪伴妻子。

有人就問他，你這樣做不值得，他笑一笑回答說，「我牢牢的記住我們結婚時候的誓詞，要永遠互相扶持、互相照顧、一起享受喜樂、一起分擔憂愁。我的妻子現在生了病，我要遵守我的諾言，在她身邊陪伴她，如果你認為我是在付出，那是我心甘情願的，無所謂值不值得。」

夫妻又稱為「牽手」，互相扶持原是理所當然的事情。

我們再舉一個故事，學忠跟翠蓮兩個人結婚二十年，夫妻兩個人十分恩愛，翠蓮不幸罹患肝癌，而且發現的時候已經是末期了，在醫院裡面住了一個月，精神跟體力都非常差，學忠自己要上班，所以雇用看護工阿菊，二十四小時照顧翠蓮。

阿菊在病房工作的一個月，看到學忠每天早上七點半，一定先趕到病房來，然後再去上班，到下午六點鐘後又趕到病房，晚上十點才離開。放假的日子，學忠整天都在病房裡陪妻子聊天，或者為妻子按摩手跟腳，那種關心跟體貼，讓阿菊在一旁十分感動，學忠每天早上來到病房，一定會跪在床前低頭禱告，每天晚上要回家之前，又會跪在床前禱告。

最初阿菊不知道學忠跪到床前面幹什麼，只看到他低頭喃喃自語，後來才知道學忠跟翠蓮都是基督徒，跪下來、低著頭、閉著眼、喃喃自語是在禱告。阿菊不是基督徒，她不了解禱告的內容，也不曉得禱告幹什麼的，她很好奇學忠每天兩次禱告：早上一次、晚上一次，都在說什麼？

有一天晚上，阿菊故意悄悄的靠近了學忠，她豎起了耳朵，想要聽一聽學忠的禱告內容。她聽到學忠低沉的聲音說：「主啊！翠蓮住院已經一個月了，醫生用了各種方法來治療，似乎都沒有太大成效。主啊！我們都是祢的兒女，請你伸手來醫治翠蓮，我相信主是萬能的、是無所不能的，也是醫治人的神。主耶穌一定能治好翠蓮的病，我相信主會垂聽我的禱告。主啊！如果是因為我們犯了罪，而讓翠蓮得這個病，我願意懺悔，我願意接受主的懲罰。主啊！祢讓我替代翠蓮生這個病，就是要我死我也不怕，只求主耶穌，讓翠蓮脫離病魔的糾纏，能趕快康復。主啊！我懇切地祈禱，請主垂憐。」

阿菊聽到學忠輕微的哭泣聲，看著躺在床上的翠蓮沒有任何動靜，似乎睡著了。過了好久，學忠站了起來，輕輕親了翠蓮的臉頰，穿起外套準備回家。

阿菊在病房門口攔住了學忠，好奇的問：「我剛才偷聽到你的禱告，你說的是真的嗎？」

學忠很嚴肅的回答說：「禱告是和神講話，當然是真心的話，怎麼敢騙神呢！」

阿菊說：「你願意替太太生病，甚至還願意代替太太去死，因為什麼緣故？是太太救過你的命，你要報答她嗎？」

學忠搖搖頭說：「不是的，我們是基督徒，我們認為夫妻是一體，一體就是一個身體中，不同的肢體，像手跟腳、頭跟肚子，一個肢體損壞了，別的肢體一定會感受到痛苦，所以肢體都會互相保護。夫妻既然是同一個身體，也要互相保護，我自己沒有能力保護我太太，就求萬能的上帝保護，我願意付出代價，就是我自己的健康跟生命。」

阿菊說：「先生，你願意犧牲自己，這代價太大了。」

學忠說：「我愛我的太太，為了愛，我願意付出任何代價，這是我心甘情願付出的。」學忠說完就走了。阿菊默默的看著學忠的背影，眼角不自覺的泛出了淚水。

愛妻子如同愛自己

的確，夫妻之間真誠的愛，就是無條件的付出。《聖經．以弗所書》第五章第二十五節中提到「你們做丈夫的，要愛你們的妻子，正如基督愛教會，為教會捨己」。第二十八節中提到「丈夫也當照樣愛妻子，如同愛自己的身體，愛妻子就是愛自己了」。

《聖經》教導我們夫妻相愛就是自愛。一個人會用盡一切力量來愛自己的身體，同樣也要用盡一切力量來愛對方：任何代價都願意付出。

如果你想從夫妻相處之中，體會到人生的價值跟意義，請你記住付出你的真愛，不求回報的付出、無怨無悔的付出，你在付出時會嘗到人一生中沒有辦法形容的甜美。

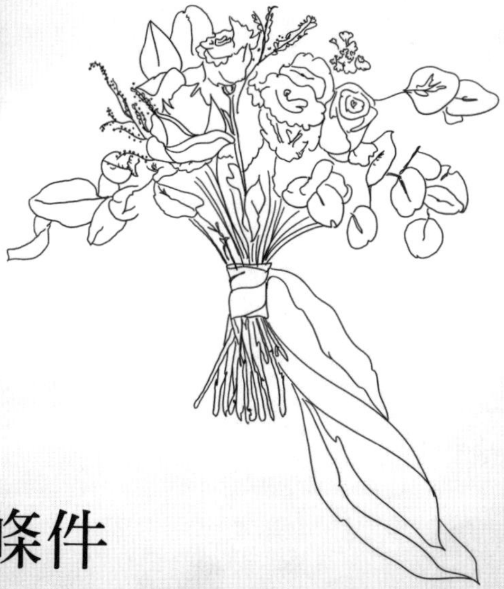

不盲從，順服需有條件

基督徒常常會說妻子要順服丈夫，
但是妻子要如何來順服丈夫呢？
這往往是做妻子的人心裡面的一個疑問。

談到順服，我們來看看這對夫妻的故事。

力雄和珠花在鄰居的眼裡是一對愛吵架的夫妻，每天不是大吵就是小吵，每次都製造很大的聲響，擾亂鄰居的居家安寧。大家對於這對年輕夫妻雖側目而視，卻也不便干涉。

吵架對感情有害無益

有一天，鄰居的劉太太在巷口遇到了珠花，劉太太親切地叫住了珠花，「你們搬來這裡已經一年，為什麼經常聽到你們小兩口吵架呢？」

珠花回答說：「劉媽媽，對不起，我們吵架影響到你們了。其實我們吵架的原因，都是一些小事情，只是我跟力雄都是脾氣暴躁的人，個性很僵硬，遇到事情，兩個人意見不合，誰也不肯讓誰，於是就吵了起來。其實事後想一想，也沒有什麼了不起的大事。」

「吵架會破壞夫妻感情，還是少吵一點比較好。」

「劉媽媽，謝謝您，但是我們兩人的脾氣就是這個樣子，很容易就對衝起來了。」

「我陪妳到教會裡去，也許在教會裡，妳能改變一下脾氣，就不會吵架了。」

「好啊！我從來沒有去過教會，就請您帶我去吧。」

於是，劉太太就帶著珠花進教會。

教會的林牧師向珠花簡單的說明基督教的基本常識和精神，並且邀珠花來聽道，珠花對基督教信仰很有興趣，於是，就常常到教會參加聚會。有一天晚上，劉太太聽到力雄跟珠花又在吵架了，不久就聽到珠花大喊：「救命！」

劉太太感覺不對勁，立刻打電話報警，警察很快來到力雄的家，一進門發現珠花額頭流了血倒在地上，力雄喝醉了酒在室內晃來晃去，有點神志不清，警察叫了救護車，把珠花送到醫院急救。

劉太太打電話告訴了林牧師，醫生為珠花做了檢查，然後對林牧師、劉太太說：「身上有好幾個地方是被打的瘀傷，額頭出血，有輕微的腦震盪。幸好，沒有傷到骨頭，需要觀察一天才有結果。」

林牧師跟劉太太來到床邊，對珠花說，怎麼會這麼嚴重！珠花流著眼淚說：「力雄喝了酒，對我好兇，我聽牧師說，妻子要順服丈夫，我就沒去頂撞他，他看我不說話，就說我一定做了虧心事，於是就拿了棍子來打我。」

順服的真正意義

牧師嘆了一口氣說，「妳還沒有很了解順服的意思，等妳傷好了，我告訴妳順服的真正意義。」

的確，《聖經》裡面常常講到順服，例如：

〈以弗所書〉第五章第二十二節「你們做妻子的，當順服自己的丈夫」。

〈哥羅西書〉第三章第十八節「你們做妻子的，當順服丈夫」。

〈提多書〉第二章第五節「順服自己的丈夫」。

但其實《聖經》裡「順服自己的丈夫」這句話是有兩個條件的。第一是丈夫要行在上帝的道上，第二丈夫必須愛妻子。

我們先看第一個條件，丈夫要行在上帝的道上，這句的意思是做丈夫的人，他的行為要合乎《聖經》裡所說的律法，例如強調孝順父母，如果父母生了病，丈夫禁止妻子去照顧父母，也不准妻子用金錢去接濟父母，丈夫的這個行為，顯然是違反了律法，這就是丈夫沒有行在上帝的道上。

再譬如一個酗酒懶惰的丈夫，逼迫妻子去賣淫，把賣淫賺的錢供他來花費，這是違反了《聖經》律法不可姦淫的規定，這個丈夫也沒有走在上帝的道上。

丈夫必須愛妻子，這是第二個條件。在《聖經》裡面也常常可以看到，例如

〈以弗所書〉第五章第二十五節「你們做丈夫的，要愛你們的妻子，正如基督愛教會，為教會捨己」。

〈以弗所書〉第五章第二十八節「丈夫也當照樣愛妻子，如同愛自己的身子，愛妻子便是愛自己」。

〈歌羅西書〉第三章第十九節「你們做丈夫的，要愛自己的妻子，不可苦待她們」。

在這兩個條件之下，妻子才要順服丈夫，如果丈夫的行為不合於這兩個條件，妻子是可以不必順服的。所以，順服不是無條件的服從，也不是盲目服從。

一個家是夫妻兩個人組成的，兩個人難免意見不合，各行其是，家裡的紛爭，因為兩個人意見不合就會產生了。有時候，家裡要處理一些事務，夫妻兩個人誰來

做決定呢？若兩個人決定不相同時，究竟照誰的決定去做？有時候兩個人都不願意做決定，那事情不就不能做了。

所以，夫妻兩個人必須有個首領，依照《聖經》的說法，丈夫是妻子的頭，也是這個家的首領，妻子要順服丈夫，這個跟中國人所說的，丈夫是「一家之主」的意思是一樣的，雖然丈夫是頭，是家裡的首領，但是做丈夫的人，也不能獨斷獨行，更不能只顧自己的想法，而不理會妻子的意見，要本著前面所說的兩個條件：一是走在上帝的道上，二是愛妻子。若是以這兩個原則來做決定，妻子才當順服丈夫。這才是順服的真義。

以愛與敬重，
獲得妻子的順服

在今天社會環境下，
女人在事業上有自己的一片天；
在生活上，也會爭取完全的獨立自主。
所以，妻子會不會順服丈夫，關鍵是在丈夫的身上。

一個家需要屋頂，有了屋頂可以遮風擋雨；如果屋頂有裂縫或破洞，那麼就會漏水；如果屋頂會漏水，下了場雨，這個家就會變成混亂骯髒，這是家的有形屋頂。

但一個家除了有形的屋頂之外，還有一個心靈的屋頂，人的思想行動，受心靈屋頂的影響就更大了，當一個人心裡充滿了仇恨私欲、貪婪詭詐，心靈屋頂就處處是裂縫，處處會漏水。

視丈夫如家的屋頂

如果丈夫的心裡面存著貪婪詭詐、自私自利，那麼這個家的心靈屋頂必然到處漏水，這個家一定失去它的溫馨和平安，會成為一個冰冷無情的場所。

對於基督徒而言，做丈夫的人，有責任把心靈屋頂修得沒有裂縫，不會漏水，讓自己的家有個良好的環境。但是怎麼樣修好心靈屋頂，最妥善的辦法就是信奉上帝，讓上帝成為自己的心靈屋頂。上帝是至真至善至美的道德，上帝也是愛，信奉上帝，讓上帝成為自己的心靈屋頂，這個家一定是丈夫做頭、妻子順服，成為一個溫暖幸福的家。

我們舉一個故事為例，陳教授和他的妻子意芸，是一對感情很好的恩愛夫妻，他們兩個人結婚五十年了，膝下有十幾個兒孫，陳教授早就退休了，意芸是一個著名的畫家，特別擅長花卉和人物畫，在國內外開過很多次畫展，在藝術界有很高的名望，兒孫們為了表達孝心，在陳教授結婚五十週年的那天，特別舉辦了一個茶會，邀請親朋好友一起來祝賀，有幾位記者認識意芸，也趕來參加茶會。

在茶會中，有位記者訪問陳教授跟意芸，記者問陳教授，你的夫人是著名的畫家，名氣很大，有一位名氣比你還亮的太太，有什麼感覺啊！

陳教授笑一笑說：「意芸的成就讓我感到高興，我有一個了不起的妻子，這是我的光榮。」

意芸這個時候也接著說，「我沒有什麼大成就，但是我要說，如果在繪畫方面，有一點小小的成績，這都是陳教授的功勞，他不但在精神上給我鼓勵，在實際生活上，更是處處愛護我、保護我。幾十年來他陪我到處看畫展，到處買繪畫的材料，你知道作畫是很費時間的，一走進畫室，一待就是好幾個鐘頭。陳教授為了讓我專心作畫，獨自承擔了許多家務事，他毫無怨言，而且還常常對我說，他是心甘情願的，要我不要歉疚。」

另外一個記者接著就問，「難道你們之間沒有爭吵過嗎？」

意芸搖搖頭笑著說：「我們結婚五十年，從來沒有吵過架，有時候，我和陳教授會有不同的意見，但是我們會商量、會討論，最後是由陳教授來決定。我順服，因為陳教授是個正人君子，又處處保護我、愛護我，我相信他的決定是正確的，他的決定一定是為了我好。」聽了意芸的回答，會場裡響起了熱烈掌聲。

以愛為出發點的決定值得信賴

在今天社會環境下，女人在事業上有自己的一片天；在生活上，也會爭取完全的獨立自主。所以，要做妻子的人能夠順服丈夫，這可不是一件很容易的事情。妻子會不會順服丈夫，關鍵是在丈夫身上，丈夫如果走在上帝的道上，他就是一個品德端正的人、就是一個擁有愛心的人、更是一個懂得愛妻子的人。這樣的丈夫，妻子自然會願意順服他。

順服的前提是尊敬，妻子順服丈夫要出於尊敬丈夫，如果妻子順服丈夫，是由於丈夫太兇暴了，妻子因恐懼而順服，那是假的順服，對增進夫妻的感情沒有什麼益處，只有發自妻子內心對丈夫尊敬而做出的順服，才能促進夫妻的情感，塑造和睦的家庭。

學習溝通，才能減少誤會的發生

夫妻之間常常會發生誤會，甚至因為誤會造成遺憾，所以夫妻間加強溝通，是必須要重視的事情。

在坊間聽過一個故事，故事的內容是有一對感情很好的夫妻，在有一年快要到聖誕節時，丈夫想送給妻子一份聖誕禮物，他看了妻子一頭長髮，心裡想如果長長的秀髮，佩戴著一些髮飾，那將美得像童話裡的公主，於是他跑到髮飾店，去看看有什麼樣合適的飾品，結果，他看中了一套漂亮而且合於長髮的髮飾。可是這個髮飾太貴了，他的錢不夠，於是他到一家小鐘錶店，脫下手上的名牌手錶，問老闆要不要收購，正巧這家鐘錶店願意收購舊錶，他就把自己的手錶賣給了鐘錶店，拿了錢就去買了昂貴的髮飾。

妻子這邊也想送給丈夫一份聖誕禮物，她想家裡很窮，沒有什麼好東西，只有丈夫手上戴的那只手錶是塊名錶，算是全家最有價值的東西，可是錶帶壞了，丈夫沒錢去換一個新錶帶，她想何不就送一個新錶帶給丈夫，當作聖誕禮物，他一定會感到很驚喜。

於是，她到了一家大的鐘錶店後，才發現丈夫名錶的錶帶很貴，她沒那麼多錢，於是靈機一動，跑到一家收買真髮的假髮店，想出賣自己的頭髮，談妥了價錢後，店員就把她長長的秀髮剪掉了，只剩下到耳根的短髮。她拿了錢，到鐘錶店買了那條錶帶。

到了傍晚，丈夫下班回家，手裡拿著一個精美的禮盒，盒子裡裝的是昂貴的髮飾，準備一見到妻子，就給她一個意外的驚喜。當他踏進大門，卻驚嚇得幾乎把盒子掉到地上。他看到妻子從房間裡走出來迎接他，長長的秀髮不見了，他的妻子手裡拿著一小盒子，笑嘻嘻地對他說：「我送給你一個聖誕禮物，祝你聖誕快樂。」

他打開小盒子，看見裡面是一條錶帶，臉色變得更慘白了，他的妻子發現丈夫手上沒戴手錶，丈夫把自己買的禮盒，放到妻子手裡，妻子一看是髮飾，立刻就明白是怎麼回事，兩個人抱在一塊痛哭起來。

因為誤會造成遺憾

這個故事流傳很廣，很多人都聽過，這個故事透露的訊息是夫妻之間溝通不良，會發生誤會。原本很溫馨的一件事，變成了一個哀傷的故事。夫妻之間，因為誤會造成雙方痛苦，這種場景乃是常見的事情，然而一次又一次的不愉快，累積起來就會造成夫妻感情的裂縫。所以，夫妻相處要盡量減少誤會。

什麼是誤會？

誤會是雙方並沒有惡意，但雙方對事情的解讀跟處理的方式不同，於是和對方發生誤解。所以要消除誤會，最好的方法是加強溝通，如果夫妻兩個人溝通良好，

就不容易造成誤會，許多不愉快的事也就不會發生了。

加強溝通之法

要怎麼樣加強夫妻之間的溝通呢？在此提出三項要點：

要點一是夫妻要增加相處的時間。《聖經》上記載「人要離開父母與妻子連合，二人成為一體」。所謂成為一體，就是緊密的相處。在今天的工商業社會中，夫妻常常要各自外出工作，相處時間就會減少，有許多夫妻早上各自出門去工作，到晚上才回家，只有晚上才是相聚時間，這種情形還好。有些夫妻不在同一個城市工作，所以，他們還不能每天見面，只有星期天才能見一次面，他們的相聚時間就更少了。

夫妻相聚的時間越多，越能增加彼此的認識和了解，相聚的時間太少，就會產生陌生感，增加溝通的困難，夫妻相處的時間多，就能揣摩到對方的性向、脾氣、習慣、好惡、價值觀念等等。揣摩清楚就是了解對方，誤會就越不至於發生。

常常聽到一些結婚多年的妻子會說：「我把我先生摸透了，只要他的眼珠子一轉，我就知道他在想什麼。」這樣的妻子，一定和丈夫相處的時間比較多，因為長時間的觀察，讓她對丈夫的思想、行動、習慣、好惡等等，都瞭如指掌。這樣，誤會就會大大減少。

懂得傾聽，互相坦承是溝通的基本

要點二是要多傾聽對方說話。夫妻相處在一起，當然會說話，有時候夫妻會搶著說話，不管對方說了什麼，他只管自己說自己的，這種說話是沒有交接的說話，對增加夫妻雙方互相了解，是沒有幫助的。

有時候，丈夫會對妻子說：「你們女人懂什麼，講的都是廢話。」這種態度也是不利於雙方互相了解；有時候妻子會對丈夫說：「你說話太枯燥啦，我沒興趣聽。」這樣的態度也會阻礙相互了解。

所以，夫妻兩個人不但要說話，還要互相傾聽對方說話，才能有良性的互動，也才能預防誤會產生。

要點三是要養成坦誠相對、互相商量的習慣。夫妻之間溝通不良，常常跟男女

性向不同有關，男人用直覺理性的方式來表達，女人用感覺情緒來表達，這是性向不同。於是，男人常常不能了解女人說話的用意，譬如：丈夫對妻子說，這件事情，妳已經說過好幾遍了。丈夫用直覺來表示，妻子已經把這件事實說過好幾遍；妻子重複說這些話，她不是怕丈夫忘記，而是她重複的說著，是在表達她的情緒。所以，許多丈夫常常不知道妻子為什麼生氣。這是男人的性向跟女人性向不同，他常常體會不到妻子內心的情緒。

為了減少因為性向的差異而引起的誤會，夫妻最好養成坦誠相對、互相商量的習慣。不要猜對方的心意，尤其是妻子，不要以為丈夫一定知道妳的心意，妻子有話直說，不要太矜持。因為男人的感情觀察，常常比較遲鈍，《聖經・以弗所書》中提到「用愛心說誠實話」。如果夫妻都是用愛心坦誠說話，必然會減少誤會。

如果能夠切實做到以上三個要點，夫妻之間就沒有阻隔，雙方就可以互相領受到彼此的心意，誤會就會減到最少，夫妻的感情就會越來越濃、越來越美了。

懂得傾聽，學會解語

傾聽是很重要的，若無法懂得如何傾聽，
有時候會造成不可彌補的過錯。

有些夫妻一碰面就說話，但總是各說各話，以自己的立場表達意見，但兩人的話語卻沒有交集，這就是光會說不會聽，無法達到溝通的效果，更無法建立共識。

傾聽的重點

因此，夫妻要學習如何傾聽對方說話，而學會傾聽要注意的重點有三。

第一是專心聽。當對方說話的時候，要專心去聽，不要表面裝著在聽的樣子，實際上心裡在想別的事情，這不是傾聽，是在敷衍。

第二是用心聽。要用心揣摩對方說話的用意是什麼，許多妻子講話常常有弦外之音，或者有暗示，如果丈夫不用心去聽，只是用直覺去聽，就猜不出來妻子的弦外之音，或者暗示是什麼了，這樣丈夫就無法增加對妻子的了解。

第三是耐心聽。要耐心地來聽，有些人缺乏邏輯跟組織能力，說話沒有重點，一件簡單的事情嘮嘮叨叨說上半天，於是聽話的人就要耐心聽，讓對方將話全部講完，才能了解對方的意思。耐心，代表尊重。耐心聽，不但可以培養良好的談話氣氛，且可以更深入了解對方。

傾聽的重要性

傾聽是很重要的，若沒有專心、用心與耐心，有時候會造成不可彌補的過錯。下面我舉一個故事，這故事就是沒有好好傾聽所造成的悲劇。

當第二次世界大戰時，德國希特勒的納粹政府對猶太人展開了毀滅計畫，禁止德國境內的猶太人出境，並且逐一逮捕，造成德國境內的猶太人族群大恐慌。

史賓格跟莎琳夫妻都是猶太人，史賓格在德國柏林一家生物科技公司擔任高級工程師，莎琳沒有出去工作，只是家庭主婦，他們夫妻兩個人對當前的局勢都感到憂心忡忡。有一天晚上，史賓格對莎琳說：「我的老闆認為現在局勢危險，猶太人隨時會被逮捕，他要設法讓我們離開德國。」

莎琳說：「你們董事長也是猶太人啊，現在政府禁止猶太人離開德國，我們怎麼逃得出去呢？」

「我也不知道，等董事長為我們安排吧。不過這幾天，妳要準備好隨身的必需

品，隨時要緊急應變。」

第二天中午，董事長對史賓格低聲交代：「我們公司包了一架貨機，這架貨機是送貨到倫敦去，今天下午兩點多起飛，有兩個技術工人要隨機，我叫這兩個工人不要去，我把他們的證件給你，你跟你的妻子就冒充技術工人，隨著飛機離開這裡。」

說完就從抽屜裡取出一個牛皮紙信封，交給史賓格。史賓格拿著這信封趕快回到自己辦公廳，看四下無人，趕快就打電話給莎琳，史賓格壓低聲音說：「老闆給我一個機會，下午兩點鐘有飛機到英國倫敦，現在是下午一點，還有一個小時，妳立刻趕到機場來。」

史賓格停頓了一下，翻閱紙袋裡的文件，過了幾秒鐘，史賓格繼續說：「莎琳，我們不是搭客機喔，我們是搭貨機，所以要到機場貨運區，貨運區的入口是在客機區的右邊，妳到了客機出境大廳，不要停車向右邊轉，尋著指標，大約開車十分鐘，就會看到貨運區。」

掛了電話後，史賓格就立刻開車，直奔機場的貨運站區，莎琳提了一個早就預備好的小包出門，自己開車到飛機場，一點四十五分莎琳來到飛機場的客運區入口，停了車卻找不到史賓格。原來，莎琳只聽到史賓格說立刻到機場，史賓格停頓了幾秒鐘，她以為史賓格講完了，就掛上了電話，趕快出門。

史賓格也不知道莎琳沒聽到他後半段所說的話。所以，在機場的貨運區路口等莎琳；而莎琳走進機場入口的大門，一直飛奔到候機的大廳，急得滿頭大汗，就是見不到史賓格，她心裡好恐慌，以為史賓格出了事，或者是被逮捕了。史賓格在貨運區門口，也是急得像熱鍋上的螞蟻，焦急得不得了，非常的不安，時間到了下午兩點整，史賓格不得不進入貨運入口，拿出證件進了通道，貨機的門隨即就關閉起來，十分鐘後飛機就起飛了，史賓格順利的抵達了倫敦。

當天晚上，史賓格立刻打電話回柏林的家，電話響了很久都沒人接，原來莎琳在機場找史賓格，一直找到五點鐘都沒找到，懷著不安的心獨自開車回家。在家門口停好車，突然閃出兩個便衣警察，拿著手槍對著莎琳，他們表明身分，就把她押解到一個不知名的地方，過了幾天就被送進了集中營。

若是莎琳有耐心等史賓格完全結束對話，如等他道別或掛了電話再行動，也許就不會有這樣的遺憾產生了。

家有安全傘，
才有安全感

人們遭遇到危險或者困難的時候，
為何會想到躲在家裡？
因為家總是會給人一種安全感。

外面在下著雨，滿街的行人都撐著一把傘，免得被雨淋濕。傘是人們雨天的庇護所。

當人們遭遇危險或者困難的時候，常常會想到躲在家裡，希望在家裡面，得到協助跟救援。因為家是人們生活中的庇護所。人們為什麼會把家當成庇護所呢？因為家給人一種安全感；為什麼家會給人安全感？因為家也是一把傘。

房屋是家的具體形象

提到家，第一個想到的是房屋。房屋是一個家存在的具體形象，不管這個房子是買的，還是租的，也不管這個房子是大還是小，家需要一間房子作為全家人聚集的場所；有了房子，全家人可以在房子裡遮風避雨，可以在房子裡安心睡覺，房子是全家人藏身的場所。不要把房子看成是定型的磚瓦木材、鋼筋水泥所建造的，因為有些地區的人住在帳篷裡；有些地區的人住在山洞裡。無論是帳篷或山洞，都是他們的房子，也都是他們的家。

房子像一把傘，家人在房子裡面，在這個傘下起居生活，給家人一種安全感。

二〇一二年八月蘇拉颱風侵襲臺灣的北部，氣象預報說將有特大豪雨，呼籲山區的居民要小心因應。但在一個山窪裡有個小村莊，住了幾十戶人家，警察局派人來勸導全村的居民，趕快遷移到附近的一所小學裡去，以免颱風來了，洪水會襲擊小村莊。全村的居民都搭上了警察局準備的車輛離開了，只有一對八十歲的老夫妻不肯離開，警察一再勸告，這對老夫妻回答，這房子是我們的家，我們在家裡面很安全，到別的地方去，我們反覺得不安全。

於是，全村的人都離開了，只有這對老夫妻堅守在自己的房子裡，到了半夜風雨交加，聲勢非常兇猛，老夫妻覺得整棟房子都在搖晃，感覺到有點恐懼，這個時候警察來敲門，對他們喊著：「快走吧！山洪要爆發了。」說完了就推開門，拉住老夫妻的手，很快速的上了一部警車，在一陣暴風雨之中，匆匆離開了村子。

第二天颱風遠離了，村民們回到村子，道路已經是柔腸寸斷，老夫妻隨著村民步行回去，發現自己的房子已經被山上滾下來的石頭和泥漿給壓倒了，二人不禁放聲大哭。不久，老先生止住了哭，對妻子說：「別哭啦！如果我們昨天晚上還留在房子裡，恐怕都被活埋。房子毀了，但是我們都保住了命，真要謝天謝地。」的確，房子可以給家人一種安全感，但是房子是會朽壞的，這個有形的傘——房子——給人的保護能力是很有限的。

配偶是守護家的兩個人

家的內涵是配偶。夫妻兩個人共同維持一個家，兩個人也共同撐住這個家庭的安全傘，如果其中一個人鬆了手，這個傘就會傾斜，也就會失去安全的作用。所以，夫妻共同撐傘是讓家能具有安全保護功能的基本原則。

因此，有形的房屋內還需有同心持家的夫妻，這樣的安全傘才牢固，才能真正讓人感覺到安全感。

夫妻同心，
仰賴四個態度

避免對立、多多原諒、互相關心與相互扶持，
是夫妻同心的四個態度，
只要共同履行，就能面對各種挑戰。

夫妻是家庭的重心，兩人的同心協力，是撐起一個家的關鍵，若要使夫妻相處能齊心，就要注意到四個態度，分別是不要對立、多給原諒、互相關心、互相扶持。下面我們分別來談一談這四個態度。

以柔性方式緩解對立

第一個態度是不要對立。夫妻相處時間很長久，難免會遇到意見不合，這個時候雙方不要只堅持自己的意見，應該先去了解對方的意見，互相討論，比較一下雙方意見的優點和缺點，最後做出雙方都能接受的決定。

千萬不要遇到意見不合就立刻否定對方，這樣立即性的否定，最容易造成夫妻雙方的對立，使家庭的氣氛變得低迷而緊張。

若當丈夫下班回家，脾氣顯得很暴躁，罵起人來，這個時候妻子千萬不要強硬回應，不要立刻訓斥丈夫，甚至於回罵；如果妻子強硬回應，立刻就會形成對立，這對於夫妻的感情是一種傷害。妻子要溫和接待丈夫，弄清楚丈夫發脾氣的原因，加以安撫，讓丈夫安定下來，再一起商議解決問題的方法。

當然，丈夫也要抱持著同樣的態度來對待妻子。其實妻子發脾氣的時候，丈夫的回應需要更多情商。因為男人發脾氣的原因，多半是事實問題，譬如在辦公廳受到長官的責備、一筆生意沒做成等等，這都是很具體的事情，讓丈夫因此發了脾氣；但是女人發脾氣的原因，常常是情緒問題，並不是哪件事情出了問題，這種情緒性的發脾氣，比較不容易找到直接的原因，於是，當妻子發脾氣的時候，丈夫的回應就更加困難。

無論如何，夫妻任何一方情緒不穩的時候，另外一方絕對不可以用攻擊的方式來回應，那會造成對立。這個時候正是發揮愛心的機會，用柔和的愛來安定對方不穩的情緒。

第二個態度是多給原諒。古人說「人非聖賢，孰能無過」，夫妻相處難免有犯錯的時候，只要犯錯的人知過能改，則善莫大焉。只要對方知錯，就要多多給予原諒。原諒對方，並不是讓對方佔便宜，其實也是減輕自己心裡的負擔。一次過失，就像在夫妻之間，放了一塊磚頭，讓夫妻之間有了阻隔，磚頭越多，夫妻之間的阻隔就越大。原諒，就是把磚頭移開，讓夫妻之間沒有阻隔，恢復合為一體的親密。

不忘互相關心與扶持

第三個態度是互相關心。夫妻既然是一體的，互相關心原本是很自然的事情，但是受到外在環境的影響，加上每個人都有天生的劣根性，像自私、嫉妒等，也會大大減低夫妻之間應有的相互關心，甚至於趨向冷漠。於是，雙方逐漸失去相互的吸引力，最終會走向分開的道路，所以不能忘記要隨時相互關心。

第四個態度則是互相扶持。在人生的道路上，沒有人不會跌倒，無論任何挫折，像生病、學業不佳、事業失敗、遭遇傷害等等，都是人生路上跌倒的事情。跌倒並不可怕，重要的是要趕快站起來，從跌倒到再站起來，除了本身的毅力之外，還需要外在的力量扶一把。丈夫或者妻子跌倒了，最能扶他一把的是配偶，因為配偶是生活在一起最密切貼近的人。

無論所處何種狀況，或者生活上的各種壓力，只要堅持以上四個態度，夫妻間必能共同面對一切，將家支撐起來，走向幸福與和樂。

讓權力之爭
遠離家庭

喜愛權力是人的天性，
才出生幾個月的嬰兒就會爭食物、爭玩具，
就顯示出來喜愛權力的本性，
但權力不適合引進家庭。

權力是對物質、對財富和對別人的控制力，控制力越大，表示權力越強。權力有它的正面意義，它可以促使人類積極奮發、努力工作，促成社會進步，人類文明得以發展；然而權力也會產生負面效應，它會激發人性中醜陋的一面，把許多罪惡，像貪婪、鬥爭、詭詐等都暴露出來。所以，對人類而言，權力有正面的功能，也有負面的作用，權力就像一把刀，這把刀可以切菜、切肉、切水果，也可以傷人、殺人。

在人類的每個團體組織裡，必然有權力存在，因為任何一個有組織的團體，需要有人發號施令來推動工作，這個發號施令者就是擁有權力者，而人類有著喜愛權力的天性，所以，在每個團體中，爭奪權力的事情就會層出不窮。

家庭中的權力

雖然家庭組織的成員很簡單，主要是夫妻兩個人，但既然有了家，就有了財產、家務等問題要處理，自然也就有權力存在。在古代的中國傳統家庭裡，夫妻權力的關係非常清楚，丈夫是一家之主，擁有對家產分配、指揮妻子的權力；妻子是丈夫的附庸，沒有獨立自主的權力。

因為在中國古代，家長擁有權歸屬丈夫，丈夫可以接受教育，丈夫可以外出工作，因而建立社會地位；妻子既無財產，也沒有接受教育，便沒有社會地位。所以，家庭中的權力都是歸於丈夫。但這並不是意味著做妻子的人永遠無權，當妻子生下兒子，而丈夫又先死亡，這個時候妻子升格為母親，在中國人重視孝道的觀念下，母親就擁有指揮兒子的權力。所以在傳統家庭中，妻子沒有權力，但作為母親則是有權力的。

因此在傳統家庭中，夫妻之間不容易發生權力之爭；但在現代家庭中，夫妻之間，權力之爭是常常見到的事情。「誰怕誰啊！你管得著我嗎？」這常是夫妻之間爆發衝突的原因，這是由於整個社會形態改變，女子在法律上有財產權、有受教育權和工作權。

所以，一個做妻子的人可以擁有屬於自己的財富，可以有廣泛的支持，可以有很好的工作，可以建立起自己的社會地位。在各方面，妻子都可以和丈夫分庭抗禮，甚至於超越丈夫，於是妻子在自我感覺上，就產生和丈夫爭權力的意念。

現代婦女開始爭取家庭決策權

在現代的社會中，有越來越多的女性投入職場，這些女性努力工作，把大多數的時間和精神都放在職場上。有的人早上八點出門，到晚上十一點才回家，在職場的時間比在家裡的時間還要多，而且心力都花在職業工作上，回家的時候已經是筋疲力盡，只能趕快洗個澡睡覺，並且由於太疲累了，以至於心情不佳，如果家裡有事，她也沒時間和精神可以跟丈夫好好商量和交換意見。於是，妻子很容易將職場中老闆的作法學過來，自己直接做決定，開始發號施令。全然不理會丈夫的意見。

這種情形下，夫妻之間難免時常發生衝突、吵架，夫妻會越來越疏遠、對立，而妻子在吵架之後，往往會產生大量抱怨；丈夫面對妻子不斷的抱怨，最常見的反應就是逃避，躲開了一連串毒箭。丈夫越逃避，妻子就越想要抓住那個決定權，於是夫妻的關係就越來越壞，成了一個惡性循環。

另外一個讓妻子要爭取家庭決策權的因素，是女性主義的興起。從二十世紀中葉以後，女性主義思想在全世界蔓延開來，強調女性的自主權，認為女人應該擁有財富、成功、享樂，所有男人擁有的，女人也都要擁有，女人不受男人指揮、支配，女人在生活上、物質上、精神上，都是獨立的，女人擁有完全的自由，追求自己的所要想要的，男人不能干涉。男人能做的事，女人都可以做，女人絕對不輸給男人，絕對不低於男人。

女權過與不及都不好

如果從中國傳統男尊女卑的觀念來看，女性主義的確大大提高女性的地位。然而過度強調女人，處處要與男人有形式上的平等，卻忽略了男女在性格上、體力上的差異，就會產生相當程度的危險性。不過，女性主義的口號，對許多女人具有吸引力，她們總覺得女性主義是要讓女人出頭，身為女人怎麼能不盼望自己出頭呢！女性主義思想進入家庭，往往是夫妻良好關係之間的破壞者。在女性主義思想的引導之下，妻子在丈夫面前會擺出高姿態，處處顯示強勢的作風，讓丈夫覺得妻子好霸道，覺得妻子處理事物都從來沒想到他，都是以自己的利益為出發點，缺少對別人的愛心。漸漸的，在丈夫的心目中，妻子失去了當初戀愛時那種可愛的形象。

這樣的事情沒想到竟發生在我的朋友石昆身上，有一天晚上，我接到石昆的電話，請我到他家裡去幫忙調解一下他和慧真之間的問題。我和石昆、惠真認識多

年，他們兩個人才結婚一年多，就傳出夫妻不和的消息，我知道石昆的個性比較內向、沉默寡言，慧真則非常活潑好動，喜歡發表意見。所以，朋友們都認為慧真是一個女性主義者。當初石昆和慧真結婚時，大家都很驚訝！這兩個人個性太不一樣，但是結婚是他們兩個人的事，他們願意生活在一起，大家只能為他們祝福。

走進石昆家的客廳，我就感覺到氣氛很緊張，石昆繃著臉，慧真則氣嘟嘟瞪著石昆。我明知故問：「你們在吵架啊！」

慧真先說了話，「大哥，石昆不識好歹，我買了兩張到倫敦的飛機票，要和石昆去旅遊，是我買的票又不要他出錢，他竟然拒絕去。」

石昆接著說：「大哥，慧真也不先跟我商量，就要我跟她去倫敦。」

我很好奇地問慧真：「妳為什麼不先和石昆商量一下，就急著買飛機票呢？」

慧真說：「今天上午，我跟兩個姊妹一起到旅行社，她們和先生要去倫敦旅遊，邀我一同去，我一時興起就答應了，也買了兩張票，要石昆跟我一起到英國玩一個禮拜。錢我都付了，沒有要石昆付，他還生什麼氣呢！真是豈有此理。」

石昆說：「妳以為買了飛機票，我就得跟妳走嗎？妳知不知道，我們公司最近在做組織調整，工作忙得不得了。哪有時間可以請一個禮拜的假出國旅遊。」

我聽到他們的對話，認為石昆講的也有道理，慧真應該先跟石昆商量一下。

慧真說：「這是小事，我決定就好了。」

石昆緊接著說：「不只有這件事，上個月她看上一棟房子，這個房子值三千多萬元，她付了訂金，其他的要我付，而且立刻要裝潢，要我們搬過去住，她也不跟我商量，就做了這件事。」

慧真說：「這是小事我決定就好了。」

我很好奇的問：「你們家裡誰做決定？」

慧真說：「結婚時我們就協議好，家裡的大事由石昆決定，小事由我決定。」

我就追問下去了，「請問什麼是大事？什麼是小事？」

慧真說：「一件事情是大事、小事由我決定。」

我搖搖頭說：「慧真，妳才是家裡掌決定權的人，有決定權沒有關係，但這個家，是你們兩個人共同擁有的，妳要做決定之前，應該先詢問石昆的意見，免得妳決定以後，石昆有不同的意見，弄得夫妻不和，破壞兩人感情。」

不該將權力帶入家庭中

我看得出來慧真的獨斷獨行，是女性主義思想在她心裡作祟，如果長此下去，

這對夫妻的道路是難走的。女性主義者只想到爭取女性的權力，卻忘記了男女在性格上的差異，尤其在爭取權力上很容易過了頭，由男女平權變成女權至上，把爭取權力用到家庭裡來，必然會造成夫妻衝突。

其實，不應把權力的觀念引進家裡，權力的基本特質是爭取和命令，掌握權力的人，要打敗對方，要對方服從。可是，夫妻之間不是這樣的關係，夫妻之間維繫良好感情的要素是愛心和付出，和權力的特質剛好相反。所以，權力會摧毀愛心，權力不會付出，夫妻之間如果強調誰有權，這對夫妻不可能擁有真正的愛情，最多維持表面上的關係而已。

有些家庭的丈夫表現出怕太太，家裡一切由太太來決定，丈夫唯命是從，不敢有任何異議，這表示這家裡面妻子大權獨攬，這個家庭也許能維持表面的和平，但是缺乏溫馨甜蜜的內涵。《聖經》告訴我們，夫妻是骨肉，是同一個身體的不同肢體，骨肉之間、肢體之間，沒有誰怕誰的問題，重要的事要問誰愛誰。所以，讓權力的觀念遠離家庭，才能維持夫妻之間相親相愛的關係。

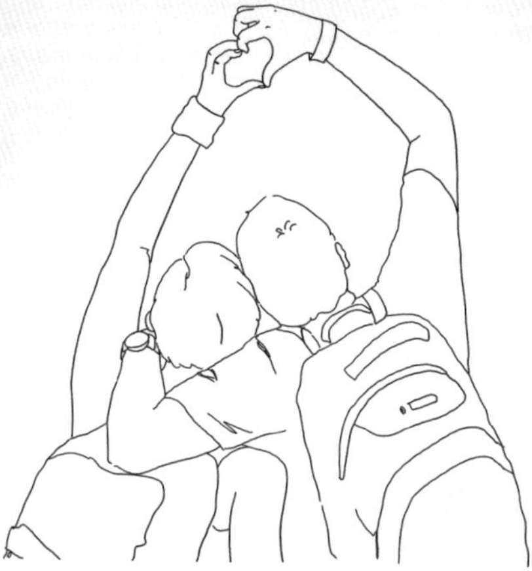

認識男女有別，理性與感性

男女性向大不同，
男人比較傾向於理性，女人傾向感性；
男人比較重視現實，女人比較重視理想，
所以思考與行為都不同。

在早期社會中，還沒有超音波可以判斷胎兒性別，產婦在產房裡面生產，家屬們在產房門口守候，一會兒醫生從產房裡出來，家屬們總是立刻迎向前去，除了詢問產婦的平安以外，最關心的問題是「生了男孩，還是女孩啊？」。

在傳統的中國社會，有著重男輕女的觀念，如果聽說是生了男孩，家屬們會一陣歡呼；如果聽說是女孩，大家臉上就會有落寞的神色。然而，二十世紀下半期以後，重男輕女的觀念逐漸淡薄，男孩女孩一樣好，但是有的人偏愛男孩，說男孩剛強勇敢，能做出一番事業來；有的人偏愛女孩，說女孩溫柔貼心，是個可愛天使。所以，家屬們仍然會很關心，生的是男孩還是女孩？

其實，男女是有差別的，除了生理上男孩、女孩不一樣以外，更重要的是性向上有很大的差異。男女結為夫妻以後，如果不能了解男女性向的差異，丈夫使用男人性向去揣摩妻子，妻子使用女人性向來揣摩丈夫，夫妻兩個人就會常常發生誤會，由誤會而嘔氣，甚至於發生爭吵，破壞了夫妻之間良好的感情。所以，夫妻都要認識到，對方跟自己是不同性別的人，對方的性向和自己未必一樣，由於性向不同，想法也就不同，處理事情的方式也會有異，這就是男女有別。

理性和感性的差異

在性向上，男人比較傾向於理性，所謂理性不等於理智，理智是需要知識做背景的，一個對化學知識很豐富的人，看到了飯桌上放了一瓶氰化鉀，他知道氰化鉀是有劇毒的，他會小心翼翼把它收藏起來，免得別人誤吃了氰化鉀，這是理智。

一位客人剛剛送來一盒巧克力糖，這位丈夫知道妻子愛吃巧克力糖，可是妻子前天才檢查出有糖尿病，醫生明明白白警告他的妻子，不可以再吃糖。於是丈夫偷偷將客人送來的巧克力糖藏起來，不告訴妻子客人送東西來，這是理性。

所謂理性，是用自己認為合理的原則來處理事情。而合理的原則，又是透過冷靜思考分析以後的結論，最重要是能夠解決問題。所以我們知道男人的理性表現在處理事情上，第一優先的考慮是解決問題。而女人較為傾向感性，所謂感性不是感情衝動的意思，是遇到事情不會冷靜、思考、分析，而是直接用感覺，所以人們就會說女人的感覺比較敏銳；男人就像一條遲鈍大笨牛。於是女人的感性，表現在處理事情上，第一優先的考慮是感覺舒不舒服，而不是能不能解決問題。

我們舉個例子來說，劉先生是一家公司的業務經理，這家公司準備推出一項新

的產品，劉先生思考著，如何把新產品推銷出去，因此正準備銷售計畫，開始寫企畫案。有一天下午，劉先生約了公司裡的顧問朱小姐，到一家清靜的咖啡館，談這個新產品的銷售計畫，劉先生選擇咖啡館，是因為這咖啡館很安靜，又沒有同事或訪客來打擾，他可以專心跟朱小姐在咖啡館裡面，用一個下午的時間談問題，就可以和朱小姐把銷售計畫的草案擬出來。沒想到這件事情被劉太太知道了，劉先生下班回家後，劉太太立刻質問：「你為什麼單獨跟一位女人去喝咖啡？」

「那是朱小姐，她是公司的顧問，我向她請教新產品的銷售計畫，那個計畫有很多問題，我要請教朱小姐，因為她比較內行。」

劉太太嘟著嘴說：「我不管你幹什麼事，你跟一個女人在一起喝咖啡、談心，我感覺不對，我不高興。」

「妳莫名其妙。」劉先生也不高興，於是夫妻之間開始了一場冷戰。

其實，劉先生跟劉太太都沒錯，問題在於劉先生沒能體會劉太太的女人性向，劉太太也忽略了劉先生的男人性向，如果雙方都能想到對方的性向，這場冷戰就不會發生了。

男女性向大不同

男女性向的另一個差異，是男人比較重視現實，女人比較重視理想。

或許，男人從小就被教導，長大以後要挑起養家活口的重擔，要背起光宗耀祖的責任，男人在結婚以後，社會的期待是丈夫要負責家庭經濟的來源。於是男人努力追求成功，供應家庭的物質需用，這使得男人必須重視現實，同時也讓人家覺得男人是比較冷酷的。

在感情的表現方面，男人的性向是較為含蓄的、隱藏的，他不太輕易流露內心真正的感情，很少男人會讓人覺得熱情如火，一個男人能和藹可親就不錯了，即使對妻子也是如此。結婚以前，由於男性理性和重現實的性向，他要解決問題：追求情人的成功，是他結婚以前要解決的。男人就不得不打開自己的心房，露出一點熱情，於是約會、送禮物、獻殷勤、甜言蜜語，統統都出爐囉！等結了婚，男人又轉回原本的性向，把熱情收回到自己內心的深處，無怪乎許多女人在結婚之後，發現丈夫怎麼會變成冷冷的男人呢？婚前的那種熱情怎麼不見了呢？於是，女人就會感嘆說「結婚是愛情的墳墓」。

其實，這是妻子不了解丈夫有男人的性向，丈夫的愛情還是存在的，只是丈夫把這個愛情由顯露在外面改為收藏在內心而已。妻子不要抱怨，也不要懷疑，要用溫柔、迂迴、暗示的手法來呼喚丈夫，讓丈夫內心深處的愛情再走出來，對妻子的熱情大火再度燃燒起來，要把「結婚是愛情的墳墓」這句話改寫為「結婚是愛情的火爐」。

理解男女有別，
自助與他助

男人習慣自己解決問題，
不會輕易把心事掏出來告訴別人，
那麼女人就把自己塑造成
丈夫可以傾吐心事的親密朋友吧。

現代中國的女性雖然越來越自立，有獨立生活的能力，但在結婚以後，生活依靠丈夫供應，仍舊是普遍的觀念。

所以在現實生活方面，女人的壓力比男人輕，於是女人會拋開現實，追求理想，而女人最大的理想，就是愛情。在許多敢於為了愛情，不顧現實環境的真實故事裡，女性遠比男性為多；然而相反的，為了現實放棄愛情的故事中，男性遠多於女性。所謂「癡心女子負心漢」，這也就顯現出男女性向的差異。

行為的獨立性

男女行為習慣也有差異，通常男性較為傾向於自助，女性則傾向於他助。所謂自助就是當遇到困難時，男性比較會靠自己來解決困難；所謂他助，就是當遇到困難的時候，女性比較會向他人求助。

有一對夫妻到陌生的城市去旅遊，晚餐以後，他們走出了住宿的飯店，想去逛街，走過了幾條街，來到一家百貨公司，這個百貨公司很大，有好幾個出入口大門，他們逛完百貨公司出來後，才發現這個出來的門，不是他們進入的那個門，舉目四望，突然間分辨不出方向，他們知道這裡離住的旅館不太遠，應該可以走路回去，但是不曉得該往左走，還是該往右走？

妻子對丈夫說：「問別人吧。」

丈夫搖搖頭說：「不用，我到前面十字路口去觀察一下，我們從飯店走過來的時候，我發現路旁有一棟高樓，外牆有很大很亮的LED廣告板，我來找一找那個大廣告板，找到了那個大廣告板，我就知道我們的飯店在哪兒了。」說完，丈夫就往十字路口走過去了。

其實，向陌生人問路是女人常常做的事；不願意向陌生人問路，也是男人的常態。這件小事情，明顯反映出男女性向的差異，女人會求助於外面的力量；男人只想依靠自己來解決問題。

所以，當夫妻吵架後，常見到妻子會回娘家訴苦求援，卻很少有丈夫回到自己媽媽家訴苦求援。

由於女人的性向是遇到事情會向外求援，所以女人會有許多親密的同性朋友，我們常常會看到兩三個女人在一起聊天，一聊就是好幾個鐘頭，大家似乎都有說不完的話。可是，很少看到兩三個男人聚在一起，會聊兩三個鐘頭的心事。所以，男人大都只有工作上的朋友，極少有生活上的朋友。

難怪男人在退休以後總會感到寂寞，縱使遇到舊日相識的同事或者朋友，除了

禮貌上的寒暄問候之外，似乎找不到什麼話題可以談，因為男人習慣自己解決問題。所以，男人不會輕易把心事掏出來告訴別人，於是，男人要結交親密的同性朋友，遠比女人困難。

借力使力成為丈夫的密友

做妻子的人若了解男人這個性向，就會知道丈夫在外面可以談心的朋友實在是太少，就要努力把自己塑造成可以談心的朋友，若不但是丈夫的妻子，也是丈夫可以傾吐心事的親密朋友，這對於夫妻之間感情的增長有大大的幫助。

我和我的妻子涵碧是無話不談的，久而久之，我們互相了解得很深，也都感覺到對方是知己，對方的想法觀念都揣摩得很清楚，許多誤會就不會發生。這是我跟我的妻子涵碧結婚以後，從來沒發生過爭執且傷害感情的重要原因之一。

夫妻間許多誤會，是男女性向差異造成的，夫妻雙方都了解男女性向有差異之後，丈夫就要常想到妻子是女人；妻子要常想到丈夫是男人，各有不同的性向，要站在對方性向來思考，許多誤會自然在無形中化解了，夫妻之間感情的區塊就會減少很多傷痕。

自我覺醒，
卸去大男人的傲慢

大男人是一種想法跟態度，想改掉要先知道原因。
丈夫要自我檢核，避免傲慢的產生。

先講一個故事，正英和怡惠結婚才三個月，兩個人都有很好的工作，建立了小家庭，兩人都有一種幸福感。只是怡惠常常覺得，結了婚以後的生活好累，每天要上班，辦公室工作本來就很吃重。下了班回家，一大堆的家務事正等著她去處理，她放下皮包後連想要喝口水、想要在沙發上休息的時間都沒有，立刻要穿上圍裙，捲起袖子，跑進廚房去準備晚餐。

有一天怡惠剛下班回家，正在廚房洗米、洗菜，忽然門鈴響了，怡惠匆匆跑去開門，赫然發現媽媽站在門口，怡惠用濕漉漉的手拉著母親說：「是您啊，嚇我一跳，我以為正英提早下班回家了。」

母親走進室內，仔細看著怡惠說：「妳結婚以後，我就很少看到妳，有點不放心，所以來看看妳。」

怡惠對母親說，「我沒想到結婚後會這麼忙，現在是下午六點，我剛剛從辦公室回來，就趕快要做晚飯，正英大概是七點半就回家，他一回來就要吃飯，吃完飯以後，我還得洗碗，清理廚房，打掃客廳臥房，又跑去洗衣服、燙衣服，真的好累喔！」

母親說：「正英不幫幫妳的忙嗎？」

怡惠搖搖頭，「他呀，回到家往沙發上一躺，看他的電視和報紙，茶來伸手、飯來張口，家裡的事他完全不管。」

母親說：「看來正英是個大男人。」

怡惠就問了，什麼叫大男人？

「大男人，就是在家裡做老爺，諸事不管。」

「媽，那該怎麼辦？」

「大男人是一種想法跟態度，要正英改掉這種大男人的想法跟態度。」

老爺的養成因素

的確，許多做丈夫的人在家裡擺著一副老爺姿態，生活上無論大事小事，都要妻子伺候。為什麼會出現這種大男人心態？大致有幾個原因：

原因一是中國傳統社會的習慣。中國古代的家庭，尤其是所謂士大夫、讀書人的家庭，男人是不管家務的。特別是當官以後，無論當的是大官或是小官，都被別人稱作「老爺」，「老爺」怎麼會做家事呢？雖然，現代社會和古代社會大不相同，但是古老的思想觀念有時候還是會默默流傳下來。

我有個朋友結婚已經四十年了，他告訴我：「還記得結婚之後，第一次帶著妻子去看我的爸爸、媽媽，我媽媽就對我的新婚妻子說：『妳要知道，我們是讀書人家，世世代代都是做官的，所以我們家的慣例，是男人不進廚房、不抱小孩、不管家事，妳現在做了我們家的媳婦，要懂得我們家的規矩。』我媽媽的話，讓我這個新婚妻子嚇得目瞪口呆。」

我說：「照你母親的說法，那豈不是要你在家裡面做大男人嗎？你真的不管任何家事嗎？」

他笑著說：「我結婚以後，沒和媽媽住在一起，我們小家庭只有兩個人，怎麼可能會忍心眼睜睜看著所有家事都落在妻子身上，我當然也會幫忙，只是在媽媽面前，我會說所有家事我都不管。」

我的朋友算是個好丈夫，如果他真的遵守母親的家規，我想他這個四十年的家庭生活，就沒有像現在這麼愉快了。

原因二是受到父母的溺愛。有些獨生子從小受到父母溺愛，父母親照顧得無微不至，孩子不但不要做任何事情，而且有求必應。這種被溺愛的孩子，長大以後，最容易表現出來的特質，就是享受和懶惰，每天想的是怎麼讓自己能享受得更舒服，生活中怎麼樣讓自己不要勞動。這種人結了婚以後，會比較容易變成大男人。

原因三是自認為是家庭的經濟支柱。有些男女結婚以後，妻子沒有外出工作，由丈夫工作來賺錢養家，這很容易讓丈夫形成一種錯覺，認為自己在外面努力打拚賺錢，供給妻子使用，是那麼的辛苦，回到家來理所當然的要放鬆一下，讓自己完全的休息。所以家裡的事，他就完完全全不管，於是這個丈夫就會變成家裡的大男人。

原因四是性格使然。有些男人天生的性格就是極端的個人中心，又喜歡指揮別人、控制別人，這種性格的男人，也比較容易成為家中的大男人，妻子兒女都得順著他，聽他發號施令。

以上所說的，是造成大男人的四個主要原因。

男女平權是真理也是趨勢

大男人心理的態度，是不符合《聖經》裡指示的夫妻相處原則，《聖經》裡雖

然沒有提到夫妻平等，但卻明白指出丈夫要善待妻子，愛護妻子。《聖經．以弗所書》第五章第三十三節中提到「你們各人都當愛妻子，如同愛自己一樣」；在《聖經．歌羅西書》第三章第十九節也提到「你們做丈夫的，要愛你們的妻子，不可苦待她們」。現代社會中提倡男女平權，所以，丈夫愛妻子的表現應該是關心和分擔苦樂。但大男人並不關心妻子在做什麼，也不會分擔妻子的勞苦，所以大男人的心態不但不合於《聖經》的原則，也不符合現代社會的觀念。

丈夫們可以檢視一下自身是否有大男人的傲慢現象，若有不妨試著卸下，必能讓婚姻與家庭更加美滿。

妻子注意，大男人也可以變好丈夫

大男人變成好丈夫並不困難，
關鍵在於妻子怎麼做，
方法得宜時，大老爺也會醒悟，
來看看給妻子的錦囊妙計。

其實，大男人並不是壞男人，大男人沒有在外面吃喝嫖賭，也沒有使用欺詐暴力，大男人只是在家裡面表現出傲慢、冷漠、自大、懶惰而已啊！把大男人導正為好丈夫，其實並不難。

瑞全跟佩芝這對夫妻是我的老朋友，他們跟我很親近，叫我大哥，叫我的太太大嫂。他們結婚約一年時，有一天佩芝打電話找我，她在電話裡面說要請我幫個忙，希望能改變瑞全的態度。

我有點吃驚，「瑞全是不是在外面有不軌的行為？」

佩芝說：「沒有，只是瑞全在家裡面做老爺，什麼事都不做，我一個人忙家裡面的事，累得快受不了啦！」

「佩芝，妳有沒有要瑞全來幫忙？」

「大哥啊！我怎麼好意思開口，顯得我做妻子的好無能。」

「好吧，我了解了，我來想辦法。」

大老爺的醒悟

第二天，我打電話給瑞全，約他星期天下午四點，到我家來幫忙做點小事，晚上請他吃晚飯。瑞全聽到我的邀請就滿口答應。

接著我又告訴妻子，要她星期天下午回娘家，不要留在家裡。

到了星期天下午，瑞全果然準時來到我家。首先，我拉著瑞全到附近的超市去買菜。買好菜，我跟瑞全一人提了一個大袋子回來，袋子裡都裝滿了菜，在路上我就問瑞全：「你會和佩芝一起去買菜嗎？」

瑞全搖搖頭，「沒有，從來沒有，買菜是佩芝一個人去買的。」

「以後陪佩芝去買菜吧，你看菜很重喔，你提的時候不是很重嗎？佩芝一個人提回來，那不是很辛苦的事嗎？夫妻兩個人一起去買菜，可以商量商量吃什麼菜，也會增加夫妻感情。」

回家後，我開始洗米、煮飯、洗菜、切菜，瑞全站在廚房門口，看我忙著做這個、做那個。

過了一會，瑞全開口說：「大哥，我們兩個人吃飯，你幹嘛要弄那麼多菜啊！」

我一邊切菜一邊說：「我們今天晚上吃兩菜一湯，不多啊。你看！這盤盤碟碟擺了很多，你要知道一個菜，需要很多配料。譬如我現在做的炒蝦仁，除了把蝦子的皮剝乾淨以外，還要準備一些配料，像冬筍要切成丁，香菇要先泡好也切丁，另

外要準備一些青豆，還有薑末、蔥花。所以，一盤炒蝦仁並不是只有蝦而已，這些配料要洗要切，都很花時間的。」

晚飯以後我洗了碗，清理廚房及打掃客廳、臥房，到陽台為綠色植物澆水，忙到八點半，才把所有事情做完。

然後，我就替瑞全泡了一杯茶，兩個人坐在沙發上聊天，我問瑞全，「今天晚上的菜你還吃得來嗎？」

瑞全喝了一口茶，說：「太棒啦！大哥怎麼會燒菜的？」

我笑一笑，「我還不是跟你大嫂學的，她在廚房裡忙，我就跟她身邊，看她怎麼做，在她身邊轉來轉去，同時慢慢幫她洗菜、切菜，久而久之就學會了。」

瑞全說：「看來燒菜很好玩。」

我就說：「買菜、燒菜，其實都很辛苦，如果兩個人一起做，說說笑笑就會忘記辛苦。」

瑞全聽到了我的話，似乎略有所悟，「我明天開始也到廚房，去看看佩芝燒菜，希望有一天，我也能燒個菜請大哥來品嘗。」

我立刻就回答說：「瑞全啊！我會記住你這句話，希望你能夠實現諾言。」

過了兩天，我接到佩芝的電話，她很興奮地說：「大哥，好奇怪喔，昨天瑞全竟然走進廚房，說要幫我洗菜，看我做菜。吃完晚飯，他竟然主動要求洗碗，好像是變了一個人啊！」

我笑著說：「恭喜妳，得到了一個好丈夫。」

給妻子的錦囊妙計

從瑞全的故事就可以發現，大男人變成好丈夫並不難，關鍵在於妻子怎麼做。我對做妻子的人提出下幾項建議：

- 不要過分寵愛丈夫。讓他在家裡面什麼事都不做，有些大男人之所以成為大男人，是被妻子寵出來的。
- 要把自己的辛勞，尤其在家務上的困難，很委婉的告訴丈夫。但是千萬別讓丈夫覺得，妳在訴苦或者在抱怨。
- 選擇適當的時機，譬如說丈夫心情很愉快的時候，請丈夫幫忙做點事情。
- 請丈夫幫忙做事情，先選擇小的事情、容易做的事情開始。逐漸進入比較繁重吃力的事。

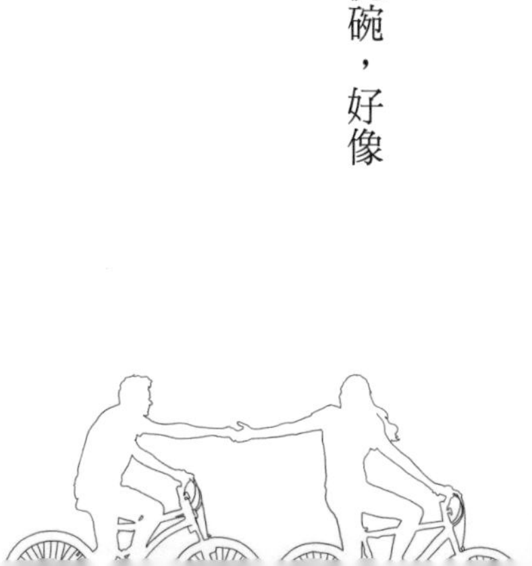

●避免用命令的語句。縱使很緊迫，也要用柔和請求的語氣，不要很急急忙忙命令式似的。

●多說謝謝。

●丈夫幫了忙，縱使他做得不如妳意，也不要把不滿的神情放在臉上。不要指責、批評他，要多多讚美、多多感謝，這樣才能鼓舞丈夫，提高他幫忙家務的興趣。

總而言之，做妻子的要記住：大男人不是壞男人，只要妻子應付得當，傲慢的大男人也會變成體貼的好丈夫。

大女人的意識，
對家庭有「礙」無「愛」

大女人就是過度強勢的妻子，
做丈夫的男人就會很辛苦，
最嚴重的反應，就是丈夫會要求離婚。

有一天黃姓夫妻來到了陳律師事務所，黃先生先說明來意，他要請陳律師為他辦離婚手續。

陳律師問：「你們結婚才一年，為什麼就要離婚？」

黃先生說：「我們的性格差異太大。」

王太太叫了起來，「什麼性格差異太大？是你太沒用，在家裡笨手笨腳，什麼事也做不好，在外面賺錢，比你的同事都少，我教你，你就是不接受，我說你幾句，你心裡就生氣了，竟然想要離婚！」

黃先生對著陳律師輕聲的說：「我受不了啦！」

陳律師也輕聲的對黃先生說：「我大概了解了，你的太太是個大女人，讓你感到壓力很大。」

黃先生點點頭表示同意。

大女人內心的徬徨

陳律師轉過臉來問黃太太，「妳願意離婚嗎？」

黃太太露出一副徬徨的表情，很猶豫的說：「他提出要離婚，我說離就離，有什麼了不起。可是到你這裡來的一路上，我想了想，其實我跟他也沒有大吵過架，更沒有什麼打過架之類的事，他也沒有欺負我，我實在有點捨不得我們的家，老實說我不想離婚。陳律師，能不能替我們化解這個困難？」

陳律師想了一想，很誠懇的對黃太太說：「黃太太，請原諒我說一句話，妳太強勢了，黃先生受不了了，所以才提出要離婚。」

黃太太有點想哭，她說：「陳律師，我現在不想離婚，你能不能想個辦法挽回這個婚姻？」

陳律師說：「我倒有個辦法，妳陪黃先生一同到教會裡去，每天讀《聖經》，也許可以拯救妳的婚姻。」

黃太太露出驚奇的眼神說：「聖經有這麼靈啊！那我一定去教會。」

陳律師要黃太太去讀《聖經》，並不是說《聖經》靈不靈，而是要黃太太學習《聖經》裡教導怎麼做妻子的原則。

大女人的特質

陳律師說黃太太是個大女人，是大男人的對應稱呼，所謂大女人有幾種特徵：

特徵一是會想要掌握家庭事務的主控權。家庭中一切事情的決定權操縱在她手裡，家裡面的財務由她掌管，家裡面的人，包括丈夫、兒女，還有傭人或者工人，都由她來指揮分派工作。家裡面每個人的生活起居都由她來安排調度，她是這個家的家長，也是這個家的指揮官。

特徵二是她有絕對的自信。所以會用強制高壓的手段來維護自己的尊嚴，她不會承認錯誤，遇到挫折，她會把責任推給丈夫。

特徵三是認為丈夫絕對不能跟她對抗。丈夫只能服從她的命令，她可以隨意斥責丈夫，都不許丈夫反唇相稽。

從上面三個特徵來看，所謂大女人就是過度強勢的妻子，如果自己的妻子是大女人，做丈夫的男人就會很辛苦，甚至可以說是很痛苦，因為他在家裡面沒有地位、沒有尊嚴，經常被責罵。面對妻子，這個丈夫簡直一無是處。

大女人的丈夫應對之道

在大女人的妻子面前，丈夫可能有以下幾種反應。

反應一是丈夫表面上對妻子唯唯諾諾，但是背地裡卻抱怨連連。

反應二是當妻子發起脾氣時，丈夫雖然不敢反抗，但是對妻子的態度就越來越冷淡，也不願意主動去關心妻子，因為他會覺得妻子實在是一個不可愛的人。

反應三是丈夫用種種藉口，譬如說像要加班、應酬等等，盡量晚回家，越晚越好，想辦法減少在家裡面跟妻子相處的時間。

反應四是丈夫忍無可忍，不惜跟妻子發生衝突，不要認為丈夫一輩子都是軟弱的。一個男人到了忍無可忍的時候，還是會反抗，於是吵架打架的事情就會發生。

反應五是最嚴重的反應，就是丈夫會要求離婚。

以上五種反應，都是一個可能發展的方向而已。每個丈夫會依照他的性格、成長背景、文化水平、家庭狀況的不同，而有不同的反應。不過，無論是哪一種反應，都會傷害到夫妻的感情，造成家庭的裂縫。

有壓制就有反抗

大女人妻子要做丈夫的頭，她就要處處表現出壓制丈夫的行為。這種壓制必然會造成丈夫明的或暗的反抗，這種反抗就成為家庭內部的小漩渦，如果把家庭比作一個小池塘，平靜的池塘是很美的，它是可以讓人心情放鬆及舒暢的場所；但是，當池塘出現越來越多小漩渦，這個漩渦越來越大，池塘底下的泥沙就會被漩渦攪拌上來。於是，清澈的池水就會變成黃色的濁流了。誰會在泥漿的池塘旁邊安然自得去欣賞呢？所以，這個池塘就喪失美好的感覺了。

大女人妻子的作為，不符合做妻子的原則，丈夫不能在家裡做大男人，同樣的妻子也不適合在家裡做大女人，夫妻之間應該多以平等、商量的方式溝通，而不是互相壓制與反抗！否則滿足了自己的權力意識，卻失去了婚姻中應有的尊重。

收起強勢的心態，
找回溫柔與包容

任何事情都可以夫妻兩人共同商量，
妻子不要存著掌控丈夫的念頭，
除非丈夫的作為不符合做人處事的原則。

阿賓在一家水電行擔任技工，負責替客戶修理水電，由於工作很認真，能夠得到客戶許多稱讚。有些老客戶水電壞了，還會特別指定要阿賓來修理，可見阿賓是個非常盡責又能幹的水電工。

可是阿賓的妻子對他的評價，卻是笨頭笨腦、粗手粗腳。

有一天，家裡的馬桶漏水了，阿賓把漏水的馬桶修好了，卻被妻子指著鼻子大吼：「你怎麼這麼遲鈍，馬桶漏水你修了幾十分鐘，簡直太不靈活了。」

阿賓用袖子擦拭額頭的汗水，不知道這汗水，是修馬桶太累而流的呢？還是被妻子的吼叫聲嚇壞了而流的？

強勢心態導致偏差行為

另外再談一個故事，有個人叫志堅，他在公家機關工作，和妻子住在分配的小宿舍裡，他的妻子在家作風非常強勢。志堅在家裡可以說是「唯妻命是從」，妻子吩咐他做什麼，無不遵命去辦，同事們都知道志堅是個怕太太的男人。

雖然志堅對妻子百依百順，但是有件事，志堅卻沒有聽妻子的話，他的妻子對他說：「志堅，我們住在宿舍裡，這個宿舍有十幾家人，都是你的同事，我常常看到有人給他們送禮來，可是這麼多年來，都沒人給你送過任何禮，這是怎麼回事啊？」

志堅回答說：「那些商人來送禮是有所求的，收他們的禮就是收賄賂，那是犯法的。」

他的妻子說：「又沒人去告發，收點禮有什麼關係，昨天我們隔壁的李太太、張太太聊天，他們兩家最近都買了新房子。你到現在還買不起房子，你明天去對那些商人放出空氣說，我們想要買房子，還缺三百萬。」

志堅搖搖頭說：「不行、不行，我不能說這個話，我做公務員一輩子清廉，絕對不能收賄賂。」

他的妻子大怒，拿起飯桌上的盤子對著志堅丟過去，不偏不倚的打中了志堅的額頭，頓時血流滿面，志堅搖擺了一下身體，就倒下去了。不久後，只見一輛救護車停在志堅家門口，他被送到醫院的急診室。

其實，沒有一個妻子希望自己的家由溫暖變成破碎，也沒有一個妻子願意由戀愛而結婚的情人變成怒目相視的仇人。一個大女人妻子，會把夫妻關係弄到惡化甚至於破裂。這是心態問題，由於心態的偏差，導致行為的偏激，就成為毀滅幸福家庭的殺手了。

強勢妻子的反思

過分強勢的妻子，要怎麼樣才能避免讓自己成為屠殺幸福家庭的利刃呢？我提出下面三個建議：

建議一，由於我自己是基督徒，多會建議大家到教會去，多讀《聖經》。因為多讀《聖經》以後，就知道怎麼樣定位夫妻關係，因為《聖經》是要讓「夫妻是生命共同體。」這個觀念深入她的心，所以多讀《聖經》就比較容易建立起夫妻是生命共同體的觀念，學習謙卑的做人處事原則。

建議二，尊重丈夫。任何事情都可以夫妻兩人共同商量，妻子不要存著掌控丈夫的念頭，除非丈夫的作為不符合做人處事的原則，否則都要尊重丈夫。相對的，丈夫也會尊重妻子，夫妻關係就必然是良好的。

建議三，常常回想結婚前的戀愛情境。不要忘記丈夫是妻子的情人，不要在結婚以後，把情人當成僕人，而是要讓丈夫成為妻子永遠的情人。只要看一看那些八、九十歲的老夫妻，如果仍然和睦相處、互相扶持，他們必然是把對方看成情人。一個妻子每天看到丈夫就像看到情人一樣，這對夫妻該有多甜蜜啊！

總而言之，妻子對待丈夫要收起強勢的姿態，盡量用溫柔包容來對待丈夫，她將會擁有一個幸福甜蜜的家。

原諒，是感情傷痕的良藥

夫妻是最親密的關係，對方犯了錯，要懂得原諒，
而且切忌翻老帳，以免留下不可磨滅的傷痕。

人們常說：「人非聖賢孰能無過，知過能改善莫大焉。」從小到大，誰沒犯過錯，最重要的是犯了過錯以後能夠悔改，那就是好人了。所以，社會上對改過自新的人都應該給予原諒。

夫妻長期相處，雙方難免會有過錯，只要知錯能改，夫妻之間一定要常存原諒之心，原諒對方的過失，而且不要苛責。尤其對於已經原諒的事情，不可以重新提起來再加以責問，因為舊事重提，那就是挑破了瘡疤，重新挑起對方的過失，等於不原諒對方，這是會損傷夫妻的感情。

在某所大學的大會議室裡擠滿了人潮，大家是來祝賀胡教授九十大壽，和結婚六十週年紀念。胡教授教了幾十年的書，深受學生敬愛，尤其胡教授跟妻子感情非常融洽，家庭生活美滿幸福，不但被親友跟學生津津樂道，而且全都十分羨慕。

大家很踴躍的出席這次茶會，是想再次看到這對老夫妻的風采，在五、六位賓客致賀詞以後，胡教授站起來對大家說話，胡教授除了感謝大家的盛意之外，主要的是談他的養生之道。

原諒十次過錯的誓言

胡教授講完，主持人就請胡教授跟師母一同切蛋糕。當大家在分享香甜的蛋糕時，有個在報社擔任記者的學生拿起了麥克風，用響亮的聲音說：「今天大家來為胡老師祝壽，也為胡老師跟師母結婚六十週年道賀，我們大家都知道，老師跟師母的感情極好，令人羨慕。剛才老師講他的養生之道時，也提到夫妻感情融洽和睦，是養生的重要因素之一，我想請教師母，你們怎麼能做到夫妻感情和睦，在你們六十年的婚姻生活中，老師從來沒有犯過錯誤，讓妳生氣而和他發生爭執嗎？你們六十年來吵過多少架？」

胡師母聽到有人指名要問她，於是就站了起來，主持人趕快把麥克風遞給胡師母，她露出和藹的微笑說：「沒有啊！六十年來我跟胡教授沒有吵過嘴，一次也沒有。」

那位記者緊盯的問：「妳怎麼做到的？」

胡師母回答說：「當我跟胡教授結婚的那一天，我就自己立下一個誓言，我這輩子要原諒他十次過錯，不管過錯大小，我都要原諒他，我不跟他爭吵，我一直遵

守著這個誓言，這樣我就不會跟胡教授發生爭吵了。」

這位記者立刻就追問說：「妳發誓要原諒老師十次過錯，你們結婚六十年了，難道老師犯的過錯，沒有超過十次嗎？」

胡師母笑著說：「我的數學不好，記憶力也滿差的，實在不記得他犯了幾次過錯。所以，他每次犯錯，我就對自己說，算他運氣好，這次過錯還在十次之內，就原諒他吧！這樣我就不跟他爭吵了。」

胡師母的話引來全會場熱烈的掌聲，當掌聲停下來，有位女士站起來問胡教授：「老師，六十年來師母不跟你爭吵，請問老師，你有主動和師母吵架嗎？」

胡教授站起來，望了一望胡師母，笑著說：「我這個人，在生活上是粗枝大葉的，我知道我常常犯錯，我每次犯錯，她都不罵我，也不指責我，只是很委婉的告訴我，我犯了什麼樣的過錯。她是個講道理的人，我也講道理，所以我一聽她的話，就立刻明白自己做了什麼錯事，趕緊向她道歉，她也就不再提這件事了。有時候我做錯事，錯得太大了，自己心裡也很難過，她反而過來勸我別難過，六十年我到底犯了多少過錯，我自己也數不清，但是我知道她都原諒我。

「我曾經想過，她原諒我這麼多，我是不是也可以原諒她一次呢？可是我等來等去，等到現在六十年了，都找不到她的過錯，我的原諒心，一次也沒有付出去，我發現妻子對我那麼好，她是那麼完美。所以，我今天要告訴大家：我生活得十分幸福美滿，最主要的原因是我有一個賢慧又可愛的妻子。」胡教授剛說完，全會場立刻響起如雷的掌聲。

越親密越要注意

夫妻是最親密的關係，人們常常會在親密的人面前暴露自己的劣根性，喜歡指責別人來發洩自己的情緒，這個是人的劣根性之一。在親人面前因為不需要受禮貌的規範和約束，因此指責或怒罵對方的行為就很容易表現出來。其實夫妻雖然是親人，但是禮貌仍然是需要的，用指責對方來發洩自己的情緒，一定會傷害到夫妻的感情。

夫妻之間互相原諒要注意以下兩個原則：

原則一是態度要和善。對方犯了過錯，一定要讓對方知道錯在何處，並且原諒他，不過態度要很和善、溫柔，不可以用父母教訓子女的口吻，以免傷害到對方的自尊心。

原則二是原諒之後，不要再提這件事。尤其不可以常常說，那件事情我原諒你，你要記住之類的話語。因為這種算老帳的方式，常常會引起對方的反感，減少對方對原諒者的感謝之心。

過錯像條傷痕，會烙印在夫妻心裡；原諒是治癒傷口、抹去傷痕的良藥，能讓婚姻長保健康。

原諒對方，
才能釋放自己

人要原諒別人的過錯，何況常在身邊的配偶。
記恨像繩子，綑綁著自己，困在被束縛的痛苦裡。

談到原諒，很多人都認為原諒對方，是對對方有利，卻對自己無益，其實原諒對方對自己也有好處；如果不原諒對方，就是把那件事一直存在自己的心裡成為陰影。這個陰影讓夫妻之間加了一層隔板，一定會影響到自己的心情，進而失去夫妻之間的快樂。

從治平和美雲的故事中，更能夠深刻體現這句話。

他們結婚二十年了，但他們卻認識了一輩子，一同出生在臺灣的一個小鄉村，小鄉村保有著農村的淳樸。治平跟美雲從小就是鄰居，一起玩泥巴、一起看螢火蟲、一起上學，他們十分快樂、互相友愛，是典型的青梅竹馬玩伴。

高中畢業後，治平跟美雲考上同一所大學，兩個人一起到了臺北，大學畢業以後，兩人在臺北都找到了工作，接著兩個人結了婚。由於從小就相處在一起，治平跟美雲互相了解，是非常非常深刻的那種。所以，婚後的生活十分融洽，美滿幸福。

內心無法放下是痛苦的

但在兩個人結婚以後大約八、九年，治平認識了另外一個女孩子，發生了婚外情。這件事情讓美雲氣得幾乎發瘋，兩個人發生激烈爭吵，鬧到幾乎要離婚，其實治平心裡很明白，自己做出對不起美雲的事，所以不久後，治平就結束了這段婚外情，並且向美雲表示懺悔，請求美雲原諒。

表面上，美雲接受了治平的道歉，夫妻和好；但是骨子裡，美雲對這件事耿耿於懷，並沒有真正原諒治平。所以，治平跟美雲的生活，表面上似乎恢復了平靜，然而卻失去發自內心的快樂；原本濃濃的甜蜜，變成淡如清水般。

日子飛快的過了十年。有一天，美雲感到非常不舒服，去醫院檢查身體，意外發現罹患了卵巢癌，而且已經蔓延到其他器官，醫生宣布美雲只能活三到五個月，這個青天霹靂，讓美雲癱在椅子上，旁邊的治平也嚇得臉色慘白。回到家裡，美雲跟志平相對哭泣，兩個人都心亂如麻。

到了晚上治平說：「不要哭了，我明天到公司去請三個月的假，陪妳回鄉下老家去靜養。」

美雲眼淚汪汪的說：「請三個月的假，公司肯嗎？」

「不肯我就辭職，我陪妳回家靜養，醫生說他已經無能為力了，妳得要靠自己，還得靠上帝，也許神蹟會發生在妳的身上。」

第二天治平向公司請了假，然後收拾行李，開車載著美雲回到小鄉村中的老

家。老家面目依舊，似乎沒有什麼太大改變，四周依舊是山陵起伏、碧海綠樹、小溪流水。治平跟美雲手牽手隨意遊玩，在山上的小徑擁抱、在小木凳上肩並著肩、在小木橋上攜手看魚、在大青石上閉眼一同禱告，他們好像又回到了童年的時光，在鄉下住了快三個月。

有一天，治平跟美雲坐在門口的草地上，仰望著藍天白雲，治平說：「我們又回到了童年時光，看妳神情愉快，氣色也很好，我每天禱告，相信妳的病很快就會好起來。」

美雲露出燦爛的笑容說：「我好啦！我說的好了，是我的心病好了。十年前的那件事，我口中雖然說原諒了你，心裡卻沒有原諒你，這十年來我過得非常痛苦，這痛苦是我自己培養出來。你已經悔改了，我還是不能真正原諒你。」

她牽起治平的手，「這兩個多月的生活，讓我覺得又回到童年，和初戀的情景，你還是一個清純的鄉下男孩，多麼可愛，我心裡的那塊陰影消失不見，我的內心現在真正的原諒了你，我感到好輕鬆好快樂！所以不管我的癌細胞蔓延到哪裡，我的心病好了，我好快樂，縱使我現在離開這個世界，我是帶著滿滿的甜蜜走的。」

治平緊緊的抱住美雲，淚水像噴泉一樣的流下來。

寬恕與解放

《聖經》裡面一再強調，要饒恕別人的過犯。《論語》裡也提到孔子主張「恕道」，饒恕就是原諒，人要原諒別人的過錯，何況常在身邊的配偶。夫妻之間，如果老是記住對方的過錯，認為對方對不起自己，而記恨在心，這種記恨會像一條繩子，綑綁著自己，讓自己困在被束縛的痛苦裡。

原諒像一把剪刀，可以把仇恨的繩子剪斷，讓自己從束縛裡解脫出來，重新得到自由。

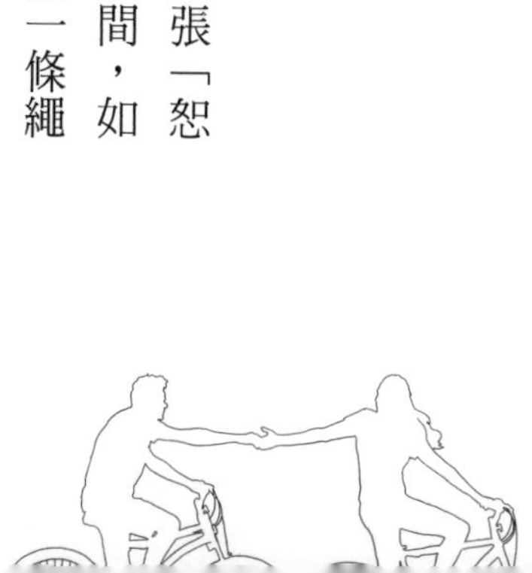

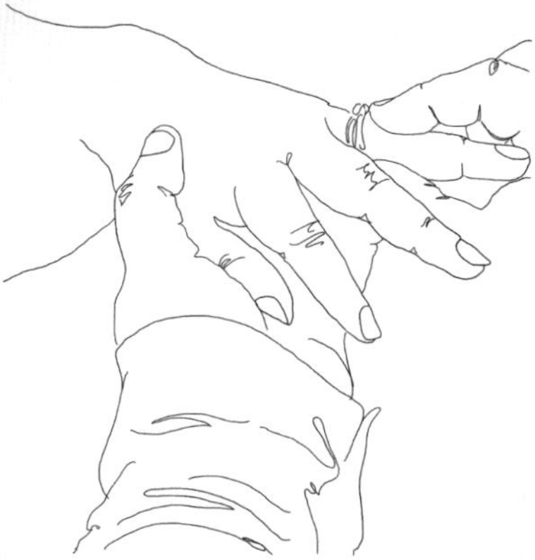

一言興家，多說稱讚與鼓勵的話語

怎麼樣在家裡面控制自己的口舌，讓說話可以興家呢？那就要做到三多：多稱讚、多鼓勵、多甜言。

在《聖經．雅各書》第三章，有一段討論舌頭的文字非常有趣。

看哪，船隻雖然甚大，又被大風催逼，只用小小的舵，就隨著掌舵的意思轉動。

這樣，舌頭在百體裡，也是最小的，卻能說大話。

看哪，最小的火，能點著最大的樹林。

舌頭就是火，在我們百體中，舌頭是個罪惡的世界，能汙穢全身，也能把生命的輪子點起來，並且是從地獄裡點著的。

各類的走獸、飛禽、昆蟲、水族，本來都可以制伏了，也已經被人制伏了。

惟獨舌頭沒有人能制伏，是不止息的惡物，滿了害死人的毒氣。

我們用舌頭，頌讚那為主為父的，又用舌頭咒詛，那照著神形象被造的人。

頌讚跟咒詛從一個口裡出來，我的弟兄們，這是不應當的。

以上這些話語都是在強調口舌是罪惡的泉源。其實，說話雖是一種表達的工具，但對人類而言極為重要。人類文明能夠快速進步，能用說話來表達意思，是主要的因素之一。不過，說話能引導人為善，或者是為惡，卻不一定，有些人說話能使人為善；有些人說話卻是會引導人為惡。中國古話裡面說「一言興邦，一言喪邦」，意思就是說一句話能夠使國家興盛起來，一句話也能使國家敗亡。同樣的道理，也可以用在家裡，我們可以說「一言興家，一言敗家」。

在《聖經．箴言》第十三章第三節說：「謹守口的，得保生命；大張嘴的，必致滅亡。」〈箴言〉第二十五章第十一節說：「一句話說得合宜，就如金蘋果在銀網子裡。」〈箴言〉第十八章第七節說：「愚昧人的口，自取敗壞。」這些名言，都在強調說話可以為善，也可以為惡。所以，人要控制自己的口舌，讓口舌成為幫助家裡的力氣，不要成為害人傷人的兇器。其實，控制口舌的是思想，要做一個有思想的聰明人，不要做一個不思想的愚昧人。

怎麼樣在家裡面控制自己的口舌，讓說話可以興家呢？那就要做到三多：多稱讚、多鼓勵、多甜言。以下分別來談談這三多。

稱讚等於肯定

第一要多稱讚。夫妻相處要多多稱讚對方，無論是對方的美德、成就、表現，都可以加以稱讚。中國夫妻似乎都十分吝嗇去稱讚對方，會說：「都是夫妻了，都

是自己人，哪裡還用得著稱讚呢？好肉麻啊！」其實，這種想法是錯誤的，沒有人不希望聽到別人對自己的稱讚，因為被稱讚等於被肯定，一個常被稱讚的人，會形成快樂積極的人生觀。夫妻之間，多多互相稱讚，會使夫妻雙方培養出快樂的情緒，有助於家庭的和樂。

有些男人，在結婚以前，拚命稱讚女朋友美似天仙；等到兩個人結了婚，丈夫就再也不提妻子的美貌了，好像妻子忽然變醜。這種丈夫如果不是婚前說謊，就是婚後忽略了妻子的存在。這種態度是不利於良好夫妻關係的。有些妻子，從來不肯稱讚丈夫，縱使丈夫加了薪、升了官，或者為妻子做了某件事，妻子也不願意加以稱讚，使我感到很奇怪，為什麼女人會稱讚別的男人，卻不願意稱讚自己的丈夫呢？

有一天，一位女士告訴我：「要我稱讚我家那個死鬼，別想！那不是長他人志氣滅自己威風嗎？」我敢肯定這位女士跟她丈夫的相處一定不融洽。

不過，稱讚對方時要注意幾個重點。首先，是不可以違背事實。違背事實的稱讚，顯然是虛情假意的討好。譬如，妻子正在清理家庭環境，弄得灰頭土臉，此時丈夫從外面回家看了妻子就說：「妳好漂亮。」這個稱讚完全不符合當前的事實，聽在滿身汗垢的妻子耳裡，會覺得丈夫是在諷刺她。這種違背事實的稱讚，完全沒效果，所以稱讚要有事實的根據。

再來，稱讚的語氣要誠懇。因為稱讚誠懇才感覺是出自內心，而且稱讚的語句，要明顯而且直接，不要讓對方覺得你的稱讚是虛假的。我舉個例子，陳偉是一名建築師，有一天他岳母打電話找他幫忙，說家裡面的水管漏了，要他去看看。陳偉立刻就趕到了岳母家裡去，那只是一個自來水管的小小漏水，陳偉很快就修好了。晚上回來，妻子小平稱讚陳偉真能幹，「媽媽說你很快就修好水管了。我看，你不如晚上到水電行兼差賺點錢。」陳偉聽了妻子的話，分不清楚妻子究竟是在稱讚他呢，還是在挖苦他？稱讚的用意，是要讓對方快樂，夫妻常常擁有快樂的心情，這個家一定十分溫馨。

鼓勵與甜言是婚姻的營養劑

第二要多鼓勵。在運動場上，運動員需要觀眾加油打氣。夫妻雖然是極為親密的伴侶，但是究竟是兩個人，會有個人的困難和挫折，所以夫妻兩個人要互相扶持、互相鼓勵。

我在一次音樂比賽中聽到一個得獎人講話，讓我深受感動，那是一場青年音樂比賽，這個比賽有個人獨唱、有鋼琴和小提琴的項目。鋼琴比賽的第一名，是一位二十八歲從藝術學院畢業的年輕人，他抱著獎牌站在台上致辭，他說：「我從小就喜歡鋼琴，十二歲開始正式學琴，但是我十幾年來，參加過許許多多的鋼琴比賽，從來沒得到過第一名，我想這是我的天分不夠。三年前，我和美惠結了婚，她支持我繼續彈鋼琴，她用她的積蓄為我買了一架新鋼琴，美惠鼓勵我，可以繼續一面在學校教音樂，一面練鋼琴。我相信成功是靠三分天分加上七分努力才得到的，繼續努力，一定會成功。從此以後，美惠天天陪我練琴，陪著我去聽演奏會、聽演講。今天評審委員對我的肯定，其實是這三年來美惠對我不斷鼓勵的結果。今天的獎要給我的妻子美惠，我謝謝她。」說完後，他深深地鞠躬，淚水流滿了他的臉頰，台下響起了如雷的掌聲。像美惠這樣對丈夫的鼓勵，就必然會增進他們夫妻之間感情的濃度。

第三要多甜言。一對情侶在一起，兩個人說甜言蜜語的話，那是常有的事情，但是結婚以後的夫妻仍然會甜言蜜語的，卻是很少有。

結婚以後為什麼不能維持婚前的狀態呢？也許是結婚以後，兩個人生活在一起，許多生活瑣事把婚前的羅曼蒂克氣氛打消了。可是，想要營造夫妻之間融洽美好的關係，甜言蜜語是必要的，不要認為，甜言蜜語是肉麻的話，如果甜言蜜語是肉麻的話，那為什麼婚前就說得出來？還說得那麼自然呢？而且並不是要刻意去編造甜言蜜語，只要出自真心，很容易就自然流露。譬如說「我愛你」，這三個字就是最常用、最合適的甜言蜜語。婚後的夫妻，不要忘記這三個字，「我愛你」是夫妻間的蜂蜜，常常加一點蜂蜜，這個家會充滿甜蜜、歡樂的滋味。

一言敗家，要少說的三種話

人必須用說話來表示意思，

如果說了壞話，或者說了錯話，可能害人害己。

利刃就是鋒利的刀子，每個家都有刀子，譬如說菜刀、水果刀、剪刀等等，這些刀子是家裡面必備的工具，它的功用真的很大，幾乎每天都不可或缺，如果少了刀子，許多家事都不能做。

言語如刀，稍不謹慎就傷人

然而刀子如果使用不當，就可能對人造成傷害，甚至成為要命的兇器。所以，對家人來說，刀子是個又可愛又可怕的東西。刀子是看得見的利刃，然而在家裡面，還有一個看不見的利刃：那就是口舌。

舌頭是人體的一個器官，這個器官除了品嘗味道之外，大家都認為舌頭主要的功能是說話，中國社會把那些歡喜搬弄是非，到處亂說話的女人叫作「長舌婦」。人必須用說話來表示意思，那如果說了壞話，或者說了錯話，可能害人害己。

因此，少抱怨、少責備、少自誇這三種話就要少說為妙。

以下我們分別來談談這三種不該說的話。

第一要少抱怨。抱怨就是一種不滿意的表現，夫妻兩個人對彼此不可能事事都滿意，抱怨是在所難免的。一個家像一碗白米飯，抱怨像小沙粒，白米飯裡面偶爾有一顆小沙粒，拿掉就是了；但是有幾十顆或幾百顆小沙粒，這碗白米飯就難以入口了。抱怨是小事，一次兩次，不會造成嚴重後果，如果次數多了，必然會影響到夫妻之間感情的融洽。

第二要少責罵。責罵常常是夫妻之間衝突的起火點，責罵是一種敵對的行為，這種行為會傷害到對方的自尊心，引發對方的自衛心跟反抗心，是夫妻對立的推手，當對立到不能忍受的時候，就是家庭破碎的時刻。

所以，責罵像把刀，這個刀會割破皮膚，流血疼痛，如果這刀繼續往身上砸下去，刺穿了心臟、肝臟，或者腦部、大動脈，那後果就是死亡。所以責罵是可怕的行為，夫妻之間應該盡量避免互相責罵。

多稱讚對方，別誇獎自己

第三是少自誇。人都希望別人了解自己具有什麼優點，但是不可以自己誇自己的優點，譬如說一個妻子很賢慧，丈夫感覺到了，會稱讚妻子是賢妻，但她不可以

自誇她是賢妻；同樣的，一個丈夫很能賺錢，讓妻子過上豐衣足食的生活，妻子可以稱讚他的賺錢能力，但他自己就不可以在妻子面前洋洋得意自誇賺錢的本事。

因為一個歡喜自誇的人，會給人一種「我比你強」的感覺，結果很容易招致反感，夫妻之間不可以出現反感的心理，因為反感心理是家庭隱藏性的毒藥，會讓夫妻關係逐漸疏遠而不自覺。

無論如何，要注意自己的說話跟言語。因為話語是夫妻間重要的溝通工具，善於運用說話之道，必然會增進夫妻之間的美好和融洽的感情。

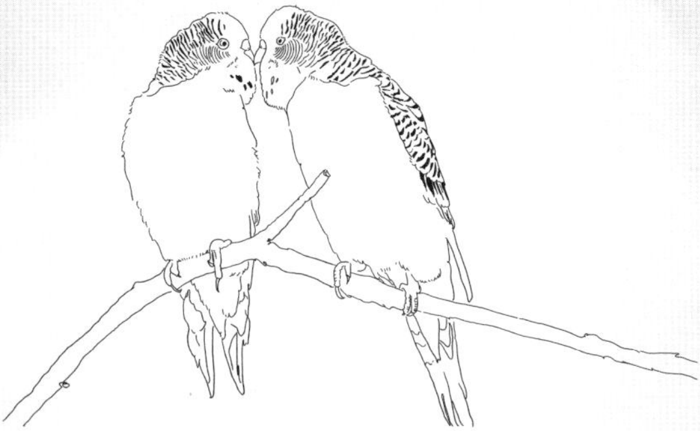

孝順要有智慧，別成為婚姻的隱形殺手

父母有其立場跟想法，
行為也可能會對子女造成傷害，
子女固然要孝順父母，但是也要小心愛的陷阱。

在人際關係中，最親密的莫過於夫妻，雖然傳統中國人認為父母跟子女是極親密的。但是事實上，子女長大以後，必然要脫離父母而獨立。所以，子女跟父母極親密的關係，僅限於幼年時期。在人生的大部分時間裡，最親密的關係人是配偶。《聖經．創世記》記載當上帝耶和華創造了亞當跟夏娃以後，就明示「人要離開父母，與妻子連合，二人成為一體」。

父母的愛，要放眼未來

但父母，無論是丈夫或者是妻子的父母，卻會影響緊密一體的夫妻關係。你也許不以為然，無論中國或者外國，幾乎都強調父母愛護子女是天性，為什麼父母會傷害到子女的夫妻關係呢？

不錯，父母愛護子女是天性，這是一般性的通則，可是在實際生活中，由於受到環境和個人性格的影響，有時候父母的愛會變質。自古到今，許多貧窮的父母會賣女為娼，這是常常見到的事情，這樣的父母不是不愛自己的女兒，實在是活不下去了，養不起這個女兒，把女兒賣給娼家，可以讓自己跟女兒都活下去啊！他們認為這也是愛女兒的方式，不過這種父母的愛只限於活下去。至於活了以後，女兒精神和肉體上的痛苦，他們就不管了。

在唐朝時，福建和雲南這兩個地區還未開發，經濟很落後。一般老百姓的生活非常窮困，有些貧窮的家庭，父母會把十歲以內的小男孩強迫閹割，所謂閹割，就是把小男孩的生殖器切掉，當時外科手術還非常簡陋，割掉生殖器是非常危險又痛苦的事，沒有任何一個小男孩會自願被閹割，都是被父母強押過去；他們像被宰的雞鴨，努力掙扎也脫離不了那一刀的厄運。由於消毒跟衛生條件太差，被閹割的小男孩往往幾天後就死了，存活下來的被稱為閹人，就是被閹過的人，這些閹人被父母送到長安、洛陽，賣到皇宮、王府、公主府裡當僕人，就是宦官，又稱為太監。

這些宦官雖然衣食無虞，但註定一輩子做奴才，而且並不是所有的閹人都可以做宦官。因為皇宮、王府、公主府需要的閹人是很有限的；那些進不了皇宮、王府、公主府的閹人，只好回到老家，他們的生活就極為悲慘。這些父母把兒子閹割了，是不愛兒子嗎？從這些父母的立場來思考，目前的生活是那麼貧窮，兒子長大以後也沒有光明的前途，拿兒子的命賭一賭，如果兒子閹割沒死，也許將來可以到京城做宦官，享受不缺衣食的生活，至於兒子的肉體和精神的痛苦，做父母的就不過問了。

〈孔雀東南飛〉是中國古代第一首長篇敘事詩，內容是描述焦仲卿跟劉蘭芝的

悲慘愛情故事。這個故事發生在東漢末年，焦仲卿娶了劉蘭芝為妻，夫妻恩愛，感情極好，劉蘭芝操持家務盡心盡力，還要紡紗織布。焦仲卿的母親看到兒子跟媳婦如膠似漆，覺得自己從小帶大的兒子竟然倒在別的女人的懷裡，兒子是她的寶貝，豈容別的女人搶走。

於是焦仲卿的母親對劉蘭芝就百般挑剔，嫌劉蘭芝家事做得不好，織布又太慢。可憐的劉蘭芝每天雞鳴就起床，忙到深夜還不能休息，三天織了五匹布，婆婆還嫌她織布太慢。最後焦仲卿的母親以劉蘭芝沒有禮貌，處理家事獨斷獨行為理由，逼焦仲卿寫下休書，和劉蘭芝離婚。

在違抗母命就是不孝的大帽子之下，焦仲卿不得不寫休書，送劉蘭芝回娘家。在送劉蘭芝回家的路上，兩個人抱頭痛哭，劉蘭芝哭著發誓：她會守節永不再嫁。劉蘭芝回到娘家以後，娘家人覺得她被夫家休掉，是個恥辱，對她產生歧視，於是逼劉蘭芝再嫁，她內心痛苦不堪，最後就自殺了。劉蘭芝的死訊傳到焦仲卿的耳裡，他心如刀割，感到恩愛夫妻就此永別，而妻子因他而死，自己活著還有什麼意思，不如到陰間去和劉蘭芝相會，於是拿了一條繩子，到大門的庭院裡，找了一棵大樹上吊自殺。

焦仲卿跟劉蘭芝的故事，在現實社會上會發生嗎？答案是肯定的，從古至今，中國人都在演出類似的悲劇。

夫妻一體，避免悲劇的產生

我的朋友浩禮在美國留學的時候，認識了一位從臺灣到美國的女留學生佳蓉，浩禮跟佳蓉結了婚，生了兩個女孩，夫妻感情很好，佳蓉的母親很早就守寡，佳蓉沒有兄弟姊妹，所以母親一個人單獨住在臺灣。浩禮跟佳蓉在美國都有很好的職業，收入也很豐富，佳蓉想把母親接到美國，和他們一起生活，浩禮也欣然同意。

於是佳蓉就把母親接到美國來了，自從佳蓉的母親到了美國，住進小倆口的家裡後，浩禮跟佳蓉的生活就發生了大變化，浩禮跟佳蓉經常爭吵，兩個人的臉色變得很難看，從前的和樂氣氛完全消失了。發生這種變化的主要原因，是佳蓉的母親看浩禮不順眼，每天在佳蓉面前講浩禮的壞話，挑撥離間，有時候，還會編造浩禮的惡行，讓佳容對浩禮的印象完全改觀，天天責備浩禮的結局當然就是離婚了。最後佳蓉跟母親還有兩個女兒住在一起，浩禮則恢復單身生活。

我說這個故事，不是說已婚的夫妻不要孝順父母，而是說父母有父母的立場跟想法，父母的行為對子女可能會造成傷害，子女固然要孝順父母，但盡量別讓父母

插手自己的婚姻生活，以免帶來傷害，尤其是已婚者，更要常常牢牢的記住夫妻一體的關係，不要讓父母變成切割夫妻一體的刀刃。

認清子女的角色，
找回家庭的重心

將孩子視為小情人，或陪伴孩子離家出國念書，
而忽略與另一半的相處，
很容易就會傷害夫妻關係，帶來婚姻危機。

許多夫妻結婚以後十分親密恩愛，但是一生了孩子，兩個人的注意力就都放在孩子身上，孩子成為家的中心，使得夫妻之間的互動大大減少，這原是常見的事情，疼愛孩子本就無可厚非，問題是疼愛要有限度，超出限度就會傷害到夫妻關係。

孩子成為夫妻間的牆

疼愛孩子的限度是什麼呢？

首先，要認清父母跟子女的角色關係。父母是子女的養育者、保護者和引導者，在這個角色的身分之下，父母對子女的責任是：供應生活的物資、教導生活的態度以及引領生活的道路。可是，有些父母疼愛孩子，超過了這個限度，他們把孩子當成小情人。尤其是母親對於兒子，父親對於女兒，常常會有一個心理角色的錯亂，當小情人的念頭在心裡萌芽以後，移情的態度就逐漸增加，夫妻間的感情就慢慢降溫了，和小情人的關係則越來越緊密，甚至綑綁在一起。

其實父母對子女，就像園丁栽種小樹苗一樣，園丁要灌溉、施肥、修剪、防蟲等等。但這是要讓小樹苗成長，園丁愛護小樹苗，但不能不理會自己的家跟親人，園丁不能把自己跟小樹苗綁在一起，誤認為自己跟小樹苗永遠不分離；如果園丁真的把自己跟小樹苗綁在一起，不但會妨礙小樹苗的成長，也壓縮了自己的生活空間，這是不智的作法。

陪伴孩子，卻與配偶疏離

在臺灣有一種常見的現象，將未成年的孩子送到國外去求學，母親陪伴孩子一同出國，一去就是五、六年；父親就單獨留在臺灣工作。夫妻關係因為隔離太久了，由親密變成疏遠，由疏遠變成陌生，於是丈夫在臺灣有了外遇，終於導致離婚。

這種離婚悲劇，是因妻子過度愛護孩子，外遇跟離婚只是一個結果而已，父母對子女要愛護、關懷；但是要認清孩子是獨立的個體，孩子跟父母關係密切卻不是一體。孩子跟父母並不是永遠不可分離的一部分，父母要學會對兒女放手，因為孩子成年以後，有他們自己的天地、自己的伴侶，父母涉入孩子的生活太深，孩子會覺得不舒服，父母也會出現許多痛苦，父母對子女所賦予的是親情，而不是愛情。

親情跟愛情的分別，主要在於心態。親情是有距離的愛，親情是關愛，表現出

來的是扶持、協助；而愛情是沒有距離的愛，是一種熱愛，表現出來的會是佔有。如果，做父母的人不懂得分辨，把愛情給了子女，這將會傷害到夫妻關係。

所以對子女要愛護，但要認清子女是獨立的個體，有時候要放手，讓子女成長，對子女親情的愛，不可以取代配偶合為一體的愛，要兼顧到子女與配偶的關係。

失去自我，
放棄選擇與努力的悲哀

究竟是算命讓她離婚三次，還是她自己的選擇呢？
若是不信，是否就可以有不同的命運呢？

中國人都知道算命，在行人眾多的大街小巷，常常看到算命的攤子，或者算命的小店，掛著一個很醒目的招牌，上面寫著「算命、看相、八字、風水」。算命是預測命運，依照《聖經》的說法，命運是上帝規畫的，不過，人的作為有時候能改變命運的原先規畫，而使人生產生變化。

算命是一種心理暗示

依照中國人傳統的說法，命運是老天爺安排決定的，不過，一個人如果積德或作惡，也會改變老天爺原定的命運。所以《聖經》和中國人傳統的說法，並沒有太大差別。算命的人替別人算命，那就是在揣摩天機、洩漏天機，人的命運真的算得出來嗎？算命真的能知道天機嗎？果真如此，那人就不必自己努力奮鬥，靠算命的指示去做就好了。

其實，算命不能夠算出一個人未來的命運，但是算命先生說的話，對於去算命的人往往會產生一種強烈的暗示作用，去算命的人在不知不覺間像被催眠一樣，朝著算命先生所說的那個方向走。

讓我講個真實的故事，故事是真的，名字則是杜撰的。有個女生叫作陳芳蘭，她是生長在小農村的女孩，祖父在村子裡面替人算命，她的父親是農人，芳蘭從小和祖父、父親住在一起，看祖父替別人算命，覺得十分有趣，可是祖父從不為芳蘭算命。芳蘭到了九歲逐漸懂事，她要求祖父教她算命，祖父說不行，幹算命這一行會活得很苦，希望她長大以後不要過苦日子，所以不要學算命。祖父不答應，芳蘭當然也學不成算命，但是芳蘭相信算命，人人都誇祖父算命很靈，但是祖父卻不肯為芳蘭算命，她心裡面更加好奇。

有一天，芳蘭騎車到鎮上去玩，發現鎮上好熱鬧，而且路旁有個掛著算命招牌的小店，店門口貼著一張紙，寫著「算命一元，保證靈驗」。芳蘭口袋裡摸一摸，還有一塊錢，於是她走進這家店，算命先生收了芳蘭的錢，看了芳蘭的生日時辰說：「妳的命很特別，妳會有三個丈夫。第一個緣分不長、第二個像爸爸、第三個像弟弟，三個丈夫都會和妳分手，妳會一個人很孤獨地度過晚年。」算命先生還講了一些別的事情，芳蘭都沒聽進去，她只記得她有三個丈夫，而且和三個丈夫都會分手。

芳蘭十六歲那年，有一天村子裡舉行大拜拜，晚上在祭祀拜神以後，大家都喝了很多酒，個個醉醺醺。到了半夜，芳蘭家隔壁鄰居忽然發生大火，火燒到芳蘭的家，由於他們的房子是竹子跟木頭蓋的，很快火勢就蔓延開來，芳蘭被驚醒了，奪

門而逃，但是她的祖父、父親跟母親因為酩酊大醉沒有醒來，就被燒死了。成為孤兒又無家可歸的芳蘭，幸虧被住在鎮上的阿姨收留了，阿姨以賣水果維生，還要養三個小孩，生活是很苦的，芳蘭在阿姨家吃飯，心裡面總有些不忍。

有一天，芳蘭正在水果攤上幫阿姨賣水果，來了一個客人，芳蘭認識他，大家都叫他阿宏，是個木工，常常來買水果，身強力壯，但不粗魯，阿宏選了水果，看一看四周沒人，就輕聲對芳蘭說，妳很漂亮，可不可以嫁給我。這突如其來的求婚，讓芳蘭嚇了一跳，但是她立刻鎮定下來，回答說：「今天晚上等阿姨收了攤子，你來找我。」

那天晚上，阿宏和芳蘭在水果攤對面的大樹下談了很久，芳蘭知道阿宏是個孤兒，小學畢業以後去學做木工，現在到處去做一些零碎的木工活，生活勉強可以糊口，芳蘭看阿宏很老實，自己也想趕快離開阿姨的家，心想算命的說她有三個丈夫，第一個丈夫緣分不長，也許阿宏就是她第一個丈夫吧，於是芳蘭也沒仔細考慮就答應了。芳蘭跟阿宏結婚後一年，生下一個男孩子，但是芳蘭對阿宏毫無感情，加上阿宏收入太少，生活非常貧窮，生了小孩不久，芳蘭就吵著要和阿宏離婚，最後阿宏不得不答應，於是很草率的結束了她第一次的婚姻。

離婚以後，芳蘭獨自一個人跑到城裡謀發展，沒有找到工作，前途是一片茫然，她在公園裡面閒逛，遇到了一個警察名叫趙仁安，他見到芳蘭神情有異，就攔下來查問，芳蘭就把自己的身世說了，趙仁安對芳蘭說：「一個人在這裡很危險，很容易遇到壞人，妳到我家來，幫我做點家事，就住在我家吧！」於是芳蘭到了趙仁安的家，原來趙仁安的妻子剛剛過世，留下不到一歲的男嬰，趙仁安請芳蘭到家裡來擔任保母兼管家的工作。

過了一年，趙仁安覺得和芳蘭相處和睦，就向芳蘭求婚，她見趙仁安是個忠厚老實的人，雖然年紀比自己大了二十歲，他想起算命先生說，她的第二個丈夫可以做她爸爸，她覺得趙仁安就是她命裡面的第二個丈夫，於是就答應趙仁安的求婚。但事實上，芳蘭對仁安並沒有感情，所以婚後夫妻的關係很冷漠，不過仁安很愛芳蘭也很顧家，所以生活還算平穩。結婚了五年，生了兩個女兒，為了照顧三個孩子，芳蘭每天都十分忙碌，對於這個家，芳蘭漸漸有一種厭煩的感受，心裡常常想到第三個丈夫在哪兒？

有一天芳蘭去買菜，在路上遇到一個叫洛軍的男人，他是芳蘭幼年時候的鄰居，比芳蘭小三歲，因為在同個村子裡長大，見面就感覺十分親切，洛軍在一家貿易公司上班，還未結婚，一個人住在小套房，和芳蘭住的地方相隔不遠。從此芳蘭和洛軍就常常約會，芳蘭覺得自己好像在戀愛之中。

一天晚上，趙仁安下班回家，芳蘭正在大吼大叫，原來老大把湯碗打破了，滿地都是湯汁和碎片，芳蘭拿著雞毛撢子在打老大，老大大哭，兩個小的也嚇得跟著大哭，家裡亂得一塌糊塗。仁安一看，趕快向前搶過芳蘭手裡面的雞毛撢子，柔聲的說：「我想又是老大闖了禍，這孩子頑皮，妳就多多原諒他一下吧。」

「我受夠了！」芳蘭吼著說：「這個家在折磨我，我不要再受這個氣了，我不要再受這個苦啦！我們離婚，我走。」

仁安握著芳蘭的手說：「對不起，我知道妳為這個家吃了很多苦，我心裡也很感謝妳，三個孩子雖然很麻煩，但是還不至於讓妳想離開這個家吧。」

「不，我要離開。」芳蘭堅決地說：「我們離婚。」

仁安回頭看著三個孩子，他們互相依偎在沙發上，嚇得停止了哭聲，仁安拍拍芳蘭的肩膀說：「妳看，他們三個小傢伙擠在一起，可憐又可愛，老二、老三是妳親生的，妳捨得丟下他們嗎？」

芳蘭回頭瞄了三個小孩一眼，她也很喜歡他們，但腦子裡面立刻浮現出算命先生的話：「妳有三個丈夫，第二個像爸爸、第三個像弟弟。」現在像弟弟的人出現了，該是捨棄第二個丈夫的時候了，於是，芳蘭推開了仁安說：「我要離婚，孩子都歸你，我不要。」

仁安很懷疑地說：「妳別激動啊！妳這樣做是為什麼呢？我沒有做對不起妳的事，這三個孩子也沒有壞到讓妳要拋棄他們啊！妳為什麼要離婚呢？」

離婚是命運？

芳蘭幽幽的說：「我知道你對我很好，三個小孩乖的時候也很可愛，可是我要離婚，這是命啊！」

仁安若有所悟地說：「莫非妳有男朋友了？」

芳蘭低下頭說：「隨便你想吧，反正我要離開。」芳蘭逼著仁安辦完了離婚手續，仁安送給芳蘭五十萬元，還囑咐說如果有困難可以來找他。

離了婚，芳蘭提著簡單的行李就直奔洛軍的住處。過了幾個月，芳蘭和洛軍完成公證結婚。

婚後芳蘭才發現洛軍愛賭博，而且脾氣暴躁，輸了錢就向芳蘭伸手要，如果芳蘭不給錢，洛軍還會動手打人。

有一天，洛軍又輸了錢，回家向芳蘭要錢，芳蘭大聲的吼著說：「仁安給我的錢全都被你拿走了，你這賭徒，你早晚會死在牌桌上。」

洛軍一拳揮過去，打中芳蘭的臉，芳蘭大叫：「救命啊！」洛軍沒有停手，繼續拳打腳踢，芳蘭哭著滿地打滾，大約打了幾分鐘，突然有人敲門，洛軍去開門，發現兩個鄰居帶了個警察站在門口，鄰居們趕快把芳蘭扶起來，幸好芳蘭只是受到皮肉之傷，警察把洛軍跟芳蘭帶到警察局去做筆錄。

芳蘭說：「我要離婚。」警察說妳被家暴，有理由可以請求離婚，芳蘭搖搖頭說：「我要離婚，不是受了家暴，是算命先生算出來，我會離婚，這是命。」

芳蘭前後嫁了三個丈夫，都以離婚收場，這是芳蘭在潛意識裡受了算命先生咒語的影響，她原本可以和第一個丈夫，或者第二個丈夫，安安穩穩的生活一輩子，但是，在算命先生的魔咒引導之下，她放棄了原本幸福的生活，走向淒慘的道路。

信念堅定攜手同行，自然圓滿幸福

一個人的命運是上天安排的，
但是人有自由意志，可以自由選擇自己的方向。

吳教授是一所著名大學的物理系教授，有四個兒女，十幾個孫子、孫女，還有幾個曾孫、曾孫女。吳教授和妻子感情和睦恩愛，為了慶賀結婚六十週年，吳教授親自安排了一個餐會，邀請兒孫跟親戚參加，到場的約有七十個人，場面非常熱鬧而溫馨。

巧計瞞雙親

在餐後分享蛋糕時，有位孫女站起來說：「爺爺，可不可以把你跟奶奶結婚的情形，講給我們聽聽啊！」

吳教授站起來笑著說，當然可以。於是將故事娓娓道來……

我和太太六十年前結婚，那時候我的父母對我說，你把對方的生辰八字拿來，我要請算命的算一算，你們兩個人八字是不是相合，如果不合，我就不答應你們的婚事。

當時為了安心，我就把兩個人的生辰八字送到巷口的一個算命館，請算命先生先為我們算一算，算命先生算了半天，說了一大堆我聽不懂的話，他最後說，這兩個八字是相剋的，結婚以後，不但沒有兒女，而且男方很快會死亡，因為女方是剋夫命。

我一聽就呆住了，這麼嚴重啊！

心想父親明天要來算，這一算，一定不准我們結婚。

於是我急著對算命先生說，「明天我父親來算八字，你可不可以不要這麼講，你說八字相合，大吉大利好不好。」

算命先生搖搖頭說不行，「這是相書上說的，豈可以亂改。」

我趕緊從口袋裡面掏出一百元來，當時這一百元不是小數目，那年頭算一次命只要十塊錢，我把一百元塞到算命先生的手裡，我說拜託拜託，多說吉利話，如果父親同意這個婚事，我會再來謝你，送你五百元，算命先生收了錢，對我笑一笑。

第二天，我陪父親到了命相館來，這算命先生果然說了，這八字相合大吉大利。於是，父親就同意我們結婚了。

用事實破除迷信

結婚到現在六十年了，算命的說我會被剋死，現在我都八十多歲啦，還活得很

健康啊！算命的說我結婚以後，我們會沒有兒女；現在卻是兒孫滿堂了。如果當年我相信了算命先生說的，今天在我面前的兒子、女兒，孫子、孫女統統都沒有啦。

吳教授講完後，立刻響起如雷的掌聲。

算命先生算的命可信嗎？

其實，一個人的命運是上天安排的，雖為每個人安排了道路，但是人有自由意志。於是，每個人可以自由選擇自己的方向，選擇的方向不同，就走上不同的人生道路，也就會產生不同的結局。實際上，沒有人能算出別人的命，自己掌握的方向跟努力才是決定自己命運的關鍵。

國家圖書館出版品預行編目（CIP）資料

Yes, I do. 我願意！：從相遇、相知到相守的伴侶相處方程式／王壽南著.
-- 初版. -- 新北市：臺灣商務印書館股份有限公司, 2021.06
216 面；14.8×21公分（Ciel）

ISBN 978-957-05-3323-1（平裝）

1.婚姻　2.夫妻　3.兩性關係

544.3　　110004847

Ciel

Yes, I do. 我願意！

從相遇、相知到相守的伴侶相處方程式

作　　者—王壽南

發 行 人—王春申
選書顧問—林桶法、陳建守
總 編 輯—張曉蕊
責任編輯—何宣儀
特約編輯—葛晶瑩
校　　對—呂佳真
封面設計—高小茲
內頁設計—黃淑華

營業組長—何思頓
行銷組長—張家舜
影音組長—謝宜華
出版發行—臺灣商務印書館股份有限公司
231023 新北市新店區民權路 108-3 號 5 樓（同門市地址）
電話：（02）8667-3712　傳真：（02）8667-3709
讀者服務專線：0800056196
郵撥：0000165-1
E-mail：ecptw@cptw.com.tw
網路書店網址：www.cptw.com.tw
Facebook：facebook.com.tw/ecptw

局版北市業字第 993 號
初版一刷：2021 年 6 月
印刷廠：沈氏藝術印刷股份有限公司
定價：新台幣 300 元

法律顧問—何一芃律師事務所